全国自然水域游泳救生专业技能培训教材

自然水域游泳救生

中国救生协会　编

人民体育出版社

图书在版编目(CIP)数据

自然水域游泳救生：全国自然水域游泳救生专业技能培训教材/中国救生协会编．-北京：人民体育出版社，2017
ISBN 978-7-5009-5167-4

Ⅰ.①自… Ⅱ.①中… Ⅲ.①水上救护-技术培训-教材 Ⅳ.①G861.17

中国版本图书馆CIP数据核字(2017)第122571号

*

人民体育出版社出版发行
三河兴达印务有限公司印刷
新 华 书 店 经 销

*

787×1092 16开本 11.5印张 200千字
2017年7月第1版 2017年7月第1次印刷
印数：1—3,000册

*

ISBN 978-7-5009-5167-4
定价：96.00元

社址：北京市东城区体育馆路8号（天坛公园东门）
电话：67151482（发行部） 邮编：100061
传真：67151483 邮购：67118491
网址：www.sportspublish.com
（购买本社图书，如遇有缺损页可与邮购部联系）

编委会

顾　问：王路生（中国救生协会主席）

主　编：江斌波（中国救生协会秘书长）

编审组：沈浩然　沈　伟　于晓光　周玉成　吉　宏
　　　　原家谦　许建成　高　捷　黄　亮　申　勇
　　　　王　逸　聂亚昆　鹿　徽　段恒涛　张　伟

编写组：（以章节为序）

　　　　施纯志　鹿　辉　刘明辉　吉　宏　许建成
　　　　潘碧芳　郑　燕　申　勇　沈　伟　周玉成
　　　　高　捷

序 言

  游泳运动在我国有着广泛的群众基础，是深受亿万群众喜爱的健身项目。2008年北京奥运会后，在自然水域开展群众游泳活动和参与游泳健身的人群发展迅猛，已经成为广大游泳爱好者时尚健身的新趣向，绿色运动、亲近自然、爱护母亲河等文化元素开始植入自然水域游泳运动，并成为此项运动的文化标签。随着参与自然水域游泳运动的人数不断增加，每年各地发生自然水域游泳溺水事故的数量不断上升，自然水域游泳救生员的供需矛盾越来越突出，更加凸显了自然水域游泳救生工作的紧迫性和重要性。面对全国自然水域群众游泳健身的新形势、新特点、新要求，在新的历史发展阶段如何组织好、开展好、发展好自然水域群众游泳健身活动，对行业管理部门和行业协会提出了亟待解决的重要课题。在这一背景下，根据全国自然水域游泳运动发展的迫切需要，国家体育总局游泳运动管理中心、中国救生协会组织专家和学者于2012年启动了《自然水域游泳救生教材》的编写工作。

  自然水域游泳救生（国际上统称"海浪救生"）是指人们在江、河、湖、海等开放的水域游泳运动时，游泳救生员对游泳者进行安全监护、对溺水者实施救助的行为。游泳救生员是人民群众参加游泳健身活动的安全卫士——生命的保护者。游泳救生工作是一项拯溺救难、挽救生命、弘扬大爱、为民惠民的高尚事业，是构建快乐体育、和谐社会和助力健康中国的重要组成部分。

  我国自然水域游泳救生的历史悠久。历史记载，北宋时期，我国东南沿海民间出现了一位著名的海上救生英雄"妈祖"，莆田湄洲人，人们尊称其"林默娘"。由于她常常救助海难中的渔夫舟子，她的传奇义举，在东南沿海各地华人中广为流传，被誉为"最有威望的航海保护神"。在南宋时期，镇江西津渡长江重要港口，经济繁荣，水上交通发达，公元1165—1173年（南宋乾道年间），有一位名为蔡洸的官员在西津渡创办了救生会，创编了"扬子江救生船歌";购置了5条大船,每条船上挂一旗帜,以"利、涉、大、川、洁"为标志,用以及渡救生;所用船只均涂成红色,故称为"救生红船";每船均配备了从民间精心挑选出来的专门的救生人员。当时在镇江救生会的影响下,救生活动迅速发展到江西、安徽、湖北、四川以及整个长江流域的重要渡口,到处都能见到红船。

1998年游泳救生事业在国家体育主管部门的重视下,由国家体育总局游泳运动管理中心牵头,组织成立了中国救生协会筹备委员会,1999年启动了对中国大陆自然水域游泳救生的调研工作,确定以厦门市作为自然水域游泳救生工作的试点。2002年在厦门举办了第一期全国海浪救生员培训班,邀请了香港、台湾地区自然水域游泳救生专家授课,培养了第一批海浪救生员。2003年将海浪救生比赛正式列入全国救生比赛项目。2004年海浪救生内容第一次编入中国救生员培训教材(试行)。2005年中国救生协会于北京正式成立,并进一步加强了与国际救生组织的交流,从此我国游泳救生工作在专业技术人员培训、竞赛组织和行业管理等方面取得了较快发展,游泳救生的内容从游泳池救生向自然水域救生拓展,并初步培养了一批具有一定游泳救生技能的救生员。据统计,中国救生协会成立以来,仅上海、福建、浙江、江苏、广东、湖北、黑龙江、辽宁等省市救生组织成功救起溺水群众两千余人。各地游泳救生组织对保护广大群众游泳健身安全,保障群众性游泳活动的健康开展,发挥着重要的安全保障作用。2008年,中国救生协会加入国际救生联合会,开启了与国际同行交流的时代,对我国游泳救生事业的发展产生了重要的促进作用。

本教材由6章组成,即自然水域实用游泳技术与器材使用、自然水域的环境特点与观察判断、自然水域救生赴救技术、自然水域的现场急救、自然水域游泳场地设置与管理、自然水域游泳救生员培训与考核介绍等理论知识。每一章都包括:内容提要、学习目标、案例分析、思考题等。并配有大量的图解,以利于学者快速理解教材,准确掌握救生技能。

本书是我国编写出版的第一部《自然水域游泳救生教材》,不仅是我国培训自然水域游泳救生员唯一的指定教材,而且也是适用于体育院校本科、专科运动训练、体育教育、社会体育、休闲体育等体育专业学生作为游泳专项理论教学的参考资料；也可服务社会，作为公安、消防、武警战士的水上技能培训教材，为提高公安干警和部队水上战斗力提供了技术支持。

各章的编撰人员：第一章，施纯志、鹿辉；第二章，刘明辉、吉宏；第三章，许建成、潘碧芳、郑燕、申勇；第四章，沈伟；第五章，周玉成；第六章，高捷。全书由高捷统稿，江斌波审核。

教材中的图片大多拍摄于"中国救生协会海浪救生培训（厦门）基地"。在此，一并感谢参与协助本教材图片拍摄工作的海浪救生员陈宗曦、林天亮、李文旭等，以及参与大量编务工作的袁绍婷、陈翰林。

本教材的编撰工作得到了国家体育总局职业鉴定指导中心、国际救生联合会、香港拯溺总会、澳门浪涛救生会、中国洲克（控股）有限责任公司等方面的鼎力支持，特此鸣谢。

由于编写人员水平有限，欢迎读者对本教材中不妥之处批评指正。

中国救生协会
2017年3月

目 录

第一章 自然水域实用游泳技术与器材的使用 …………………（1）

第一节 实用游泳技术 ………………………………………（1）

一、横跨步跑 …………………………………………………（1）
二、海豚跃 ……………………………………………………（2）
三、固定式避浪 ………………………………………………（3）
四、逆浪游泳 …………………………………………………（3）
五、顺浪游泳 …………………………………………………（4）
六、漩涡摆脱 …………………………………………………（5）
七、激流救援 …………………………………………………（6）

第二节 器材使用 ……………………………………………（7）

一、脚蹼游泳 …………………………………………………（7）
二、呼吸管游泳 ………………………………………………（9）
三、潜水镜游泳 ………………………………………………（10）

第二章 自然水域的环境特点与观察判断 ……………………（17）

第一节 环境特点 ……………………………………………（17）

一、波浪 ………………………………………………………（17）
二、潮汐 ………………………………………………………（17）
三、漩涡 ………………………………………………………（18）
四、风力 ………………………………………………………（18）
五、雷电 ………………………………………………………（18）
六、暗流 ………………………………………………………（18）

第二节 观察 (18)

一、观察方法 (18)

二、重点观察对象 (21)

三、观察的注意事项 (21)

第三节 判断 (22)

一、判断的方法 (22)

二、判断的要求 (23)

第四节 观察区域的划分 (23)

一、观察区域的划分原则 (23)

二、观察区域的划分方法 (23)

第三章 自然水域救生赴救技术 (29)

第一节 救生浮标赴救技术 (29)

一、入水 (30)

二、寻找 (31)

三、接近 (31)

四、拖带 (32)

五、上岸 (32)

第二节 救生板赴救技术 (37)

一、入水 (37)

二、接近 (38)

三、上岸 (40)

第三节 利用救生独木舟赴救技术 (41)

一、入水 (42)

二、接近 (42)

三、运送 (45)

四、上岸 (46)

第四节　救生筏赴救技术 ……………………………………（46）

　　一、入水 ……………………………………………………（47）
　　二、接近与运送 ……………………………………………（47）

第五节　救生快艇赴救技术 …………………………………（50）

　　一、入水 ……………………………………………………（51）
　　二、接近与运送 ……………………………………………（52）
　　三、上岸 ……………………………………………………（53）

第六节　水上救生摩托赴救技术 ……………………………（53）

　　一、入水 ……………………………………………………（54）
　　二、接近与运送 ……………………………………………（54）
　　三、回岸 ……………………………………………………（56）

第七节　绳索救生技术 …………………………………………（56）

　　一、绳包 ……………………………………………………（58）
　　二、救生绳 …………………………………………………（58）
　　三、抛绳器 …………………………………………………（58）

第八节　常用绳结技术 …………………………………………（58）

　　一、止滑结 …………………………………………………（59）
　　二、固定结 …………………………………………………（61）
　　三、连接结 …………………………………………………（66）

第四章　自然水域的现场急救 ………………………………（73）

第一节　溺水者的心肺复苏 …………………………………（73）

第二节　低体温溺水者的心肺复苏 …………………………（76）

第三节　水上脊柱损伤的施救方法 …………………………（77）

　　一、近岸浅水区域 …………………………………………（77）

二、远岸深水区域……………………………………………（85）

　第四节　一般开放性损伤处理……………………………………（85）

　　一、清创………………………………………………………（85）
　　二、止血………………………………………………………（86）
　　三、固定………………………………………………………（88）

　第五节　海洋生物致伤中毒的急救处理…………………………（88）

　　一、海洋生物致伤分类………………………………………（89）
　　二、有毒海洋生物致伤处理的一般原则……………………（89）
　　三、各类海洋生物伤中毒的急救处理………………………（90）

第五章　自然水域游泳场地设置与管理……………………（111）

　第一节　游泳场地设置……………………………………………（111）

　　一、场地的选择………………………………………………（111）
　　二、场地设施的设置…………………………………………（112）

　第二节　自然水域游泳场地的管理………………………………（116）

　　一、游泳场地管理的基本内容………………………………（116）
　　二、常规救生的必备器材……………………………………（117）
　　三、救生联络信号的设置……………………………………（119）

　第三节　救生员的岗位管理………………………………………（127）

　　一、游泳场救生员的配备……………………………………（127）
　　二、救生员岗前的要求………………………………………（129）
　　三、救生员轮岗的要求………………………………………（129）
　　四、救生员交接班的要求……………………………………（129）
　　五、游泳场紧急预案的设置…………………………………（130）

　第四节　救生器械的检查与养护…………………………………（133）

　　一、救生器材的配备原则……………………………………（133）
　　二、非机动救生器械的检查与养护…………………………（133）
　　三、机动救生器械的检查与养护……………………………（134）

第六章　自然水域游泳救生员培训与考核介绍……………（141）

第一节　游泳池游泳救生员的培训……………………（141）
一、游泳池游泳救生员培训的基本要求 ……………………（141）
二、游泳池游泳救生员技能要求、培训任务及培训内容 ……（144）

第二节　游泳池游泳救生员的考核……………………（152）
一、各级游泳池游泳救生员操作技能考核内容表……………（152）
二、各级游泳池游泳救生员考核内容配分表及考核说明 ……（153）

第三节　自然水域游泳救生员的培训……………………（156）
一、自然水域游泳救生员的培训基本要求……………………（156）
二、自然水域游泳救生员的培训任务及培训内容 ……………（157）

第四节　自然水域游泳救生员的考核……………………（161）
一、自然水域各级救生员操作技能考核内容表………………（161）
二、自然水域各级游泳救生员考核内容配分表及考核说明
　　……………………………………………………………（161）

参　考　文　献……………………………………………（169）

第一章 自然水域实用游泳技术与器材的使用

> **内容提要**
>
> 本章介绍自然水域顺浪游泳、逆浪游泳、摆脱漩涡、激流抢渡、脚蹼游泳、呼吸管游泳、潜水镜游泳等多种实用游泳技术,阐述了自然水域实用游泳技术及应用范围。

第一节 实用游泳技术

自然水域实用游泳技术包括横跨步跑、海豚跃、固定式避浪、逆浪游泳、顺浪游泳、漩涡摆脱和激流救援。

一、横跨步跑

(一)适用范围

救生员涉入水深至膝下的水域时,采用横跨步"外八字"跑迅速接近目标。此技术主要运用于入水的初段,可以充分利用地面的固定支撑,尽快地接近目标。

(二)技术要点

横跨式避浪指双腿交替提膝,小腿由两侧向前下方摆动,脚跨入水中,以双手摆动保持身体平衡,迅速向前跨越(图1-1-1)。

图 1-1-1

二、海豚跃

（一）适用范围

海豚跃又称鱼跃式，指救生员横跨式跑入水深超过膝盖以上及腰部以下时，利用海豚跳跃的动作入水前进。

（二）技术要点

两臂向前摆动，头部夹于两臂之间，腰部拱起，头部、躯干和下肢依次向前跃入水中。每次海豚跃都应双脚着地呈半蹲状跃起（图1-1-2），最后一跳必须平扑在水面上，采用抬头爬泳方式迅速游向溺者。

图1-1-2

三、固定式避浪

（一）适用范围

救生员在浅滩或礁石区搜救时遇到大浪可以采用固定式避浪。

（二）技术要点

遇大浪时，深吸一口气，迅速下潜到海（湖、河）底，将手插入沙中或抓住礁石等固定物。在波峰到达时下潜，在波谷时吸气，以躲避波浪冲击（图1-1-3）。

图1-1-3

四、逆浪游泳

逆浪游泳指救生员在自然水域中采用逆浪而上的游泳方法，包括破浪游泳、避浪游泳、切浪游泳、原地团身等方法。

（一）适用范围

1.当波浪较小时，采用加速游的方法来破解迎面而来的波浪。
2.当波浪较高时，采用切浪或避浪游进的方法。

（二）技术要点

1.破浪游泳：采用抬头爬泳，两眼紧盯波峰，沿着波浪形成的斜坡，加速游向波峰。
2.切浪游泳：在接近波谷的位置采用抬头爬泳，双眼紧盯侧前方另一个波谷，并采用爬泳快速接近。

3. 避浪游泳：遇大浪时，深吸一口气迅速下潜穿浪而过，并迅速向前游进［图1-1-4（1）、图1-1-4（2）］。

4. 团身法：遇大浪来不及躲避时，应迅速团身成球状下沉（图1-1-5），待大浪过后再浮出水面，继续向前游进。

图1-1-4（1）

图1-1-4（2）

图1-1-5

五、顺浪游泳

顺浪游泳指救生员沿着波浪运动的方向，借助于海浪的冲力快速前进［图1-1-6（1）~图1-1-6（3）］。

图1-1-6（1）

图1-1-6（2）　　　　　　　　　图1-1-6（3）

（一）适用范围

救生员在实施救助的过程中，游进的方向和波浪的运动方向相同时，采用顺浪游泳快速接近目标。

（二）技术要点

1. 顺着水流的方向快速向前游进；
2. 利用波浪的推进力顺势向前游进。

六、漩涡摆脱

救生员遇到漩涡时，应通过改变体位、增加身体阻力面、选择正确的游进方向，快速摆脱漩涡（图1-1-7）。

图1-1-7

（一）适用范围

当救生员进入漩涡区时，采用合理的摆脱技术。

（二）技术要点

1. 呈"大"字形体位，双臂和双腿分开，增加身体阻力面积，降低身体旋转速度；
2. 调整好呼吸节奏，判断漩涡的旋转方向；
3. 把握时机，沿着漩涡旋转方向，快速向外围游出，摆脱漩涡区。

七、激流救援

激流救援指在水流湍急的自然水域中，救生员在明确施救目标后，根据水流速度、方向选择合理的入水地点，快速接近目标实施救援的方法。

（一）适用范围

1. 用于水流湍急的水域（如洪水灾害等），以及恶劣气象引发特定海域环境情况下的救援。
2. 用于自然水域中突遇上游水库放水或山洪暴发时的救援（图1-1-8）。

图1-1-8

（二）技术要点

1. 安全设置

救生员在湍急的水流中进行救援，首先应该做好保证救生员自身生命安全的安全措施，如穿好救生服、带上救生浮标或在救生员的腰间系好绳索等保护措施；做好施救预案；明确实施救援目标位置及实施救援失败后的停靠地点。

2. 救援地点选择

因为是在湍急的水流中进行抢渡，水流的冲击会导致救生员无法直线游进，救生员的下水位置应选择在施救目标的上游,在水流冲击力和救生员游进速度的共同作用下接近救援目标。

3. 救援方法

救生员在下水前应注意水面上漂浮物,以免受到漂浮物的撞击或受到漂浮物的缠绕;在湍急的水流中应采用抬头爬泳,密切观察自己所在水中位置,紧盯水中施救目标或上岸的位置,控制好游进的速度和游进方向,掌握好游进的节奏,在必要时可以使用蛙泳腿增加推进力。

救生员在接近时,首先应选择好固定自身的位置,再确定停靠的位置牢固稳定。其次应用简练的言语安慰被救援者,帮助其克服恐惧的情绪。最后为被救援者穿上事先准备好的救生衣或系好绳索,检查救生衣是否系好,绳索的绳结或锁扣是否牢固。检查完毕后,采用牵引回岸方法就应向被救援者说明牵引回岸应该注意的问题,提醒其注意自我保护,注意事项说明后给岸上相关人员发出信号,通过牵引绳索辅助其上岸。如果施救者和被救援者一同回岸,施救者应在被救援者的前方做好安全保护工作,避免受到礁石等固定物的撞击,同时便于施救者到岸固定。

第二节　器材使用

一、脚蹼游泳

脚蹼游泳指救生员为了在施救过程中快速接近溺水者,穿戴脚蹼,提高游进速度所采用的一种游泳技术。

脚蹼按照形状可分为短脚蹼、长脚蹼(图1-2-1)、圆形脚蹼。制造脚蹼的材料有天然橡胶、硅胶、高密度经过热处理的聚氨脂等。

图1-2-1

（一）适用范围

用于水中快速游进、搜寻和施救。

（二）技术要点

1. 选择脚蹼时，要注意选择合适的尺码和质地。

2. 在水中游进时，呈俯卧姿势，两臂前伸，小腿弯曲角度稍大于爬泳时。大腿带动小腿上下打水。也可采用爬游、仰泳划臂方式前进［图1-2-2（1）、图1-2-2（2）］。

图1-2-2（1）

图1-2-2（2）

3. 穿戴脚蹼潜水时，通过双臂可改变游进方向：双臂平直前伸，可直线向前游进；两臂下压，收下颌，身体前倾，可下潜；两臂向上伸直，同时抬头，身体可改为向上升起［图1-2-3（1）~图1-2-3（3）］。

图1-2-3（1）

图1-2-3（2）

图1-2-3（3）

二、呼吸管游泳

指救生员使用呼吸管长时间在水中搜救、寻找、跟踪而采用的一种浮潜游泳技术（图1-2-4）。

图1-2-4

（一）适用范围

适用于浅水区域长时间的搜救、寻找和跟踪。

（二）技术要点

1. 佩戴呼吸管时主要通过嘴连接呼吸管进行换气。

2. 使用呼吸管时，双唇将呼吸管咬嘴紧紧包住。咬嘴的裙边置于双唇和牙齿之间，直立佩戴（图1-2-5）。当呼吸管口升上水到面上时，用嘴巴爆破式呼气，将余留在呼吸管内的空气和水排出呼吸管，确认呼吸管处于畅通状态下可进行自主换气。

图1-2-5

三、潜水镜游泳

指救生员使用潜水镜长时间搜救、寻找、跟踪而采用的一种浮潜游泳技术。潜水镜是用来保护潜水者免于呛水,保护眼睛免受水的刺激,看清水下物的防护镜[图1-2-6(1)(2)(3)]。

图1-2-6(1)

图1-2-6(2)

图1-2-6（3）

（一）适用范围

适用于浅水区域长时间的搜救、寻找和跟踪。

（二）技术要点

1. 佩戴潜水镜时，应将眼睛和鼻子置于潜水镜内。

2. 使用潜水镜时，应先检查潜水镜是否漏气。检查的步骤如下：潜水镜紧贴面部，置眼睛和鼻子于潜水镜内，鼻子用力吸气，如果潜水镜在没有橡皮带固定时就能紧贴面部没有滑落，说明潜水镜密闭性好可以使用［图1-2-7（1）、图1-2-7（2）］。

图1-2-7（1）

图1-2-7（2）

思考题

1. 逆浪游泳技术有哪几种方法？
2. 顺浪游泳技术应如何正确掌握冲浪时机？
3. 如何摆脱漩涡？
4. 激流抢渡法在抢渡前应做好哪些准备工作？
5. 脚蹼游泳法在练习前应做好哪些准备活动？脚蹼游泳的初学者应进行哪些水中练习？
6. 试述呼吸管正确的佩戴方式以及水中呼吸管正确的换气方式。

学习笔记

学习笔记

学习笔记

学习笔记

第二章 自然水域的环境特点与观察判断

内容提要

本章主要阐述自然水域环境特点，自然水域游泳场所观察与判断的方法、注意事项以及自然水域观察区的划分方法、划分原则和注意事项。

本章的教学目的是使救生员了解自然水域环境特点，自然水域游泳场所观察区的划分方法、划分原则和注意事项，掌握观察与判断的基本方法。

第一节 环境特点

自然水域游泳开放场所受波浪、潮汐、漩涡、风力、雷电、暗流等自然环境影响，存在各种变化。因此，救生员需要了解不同自然水域环境的特点，掌握其基本规律，对突发情况采取针对性的救援措施。

一、波浪

水受风、潮汐和气压变化等影响，而发生向上、向前、向后、向下的运动，形成了波浪。波浪是一种有规律的周期性的起伏运动。

二、潮汐

（一）潮汐的形成

大多数地方的海水每天都有两次涨落。白天海水涨落叫"潮"，晚上海水涨落叫"汐"。一个太阳日内出现两次涨潮和两次落潮，这种潮称为半日潮。一个太阳日内只出现一次高潮和一次低潮，即全日潮。我国多数地方为半日潮。

（二）潮汐的基本计算方法

农历每月的初一和十六中午12:00及夜间00:00为满潮时间，每天退后48分钟。
上半月（农历-0）×0.8+推迟量=当天的满潮时间；
下半月（农历-15）×0.8+推迟量=当天的满潮时间。
注：推迟量因各地环境不同而存在差异。

三、漩涡

漩涡是一种旋转的水流。江、河、湖、海中凡是水流的方向和速度突然改变的地方，都容易出现漩涡。

四、风力

风力就是风的强弱和速度的大小。用风级表示风的强度，风力越强风级越大。风力的大小分为13个等级，最小是0级，最大为12级。根据水面波浪观察等级情况，从水面平静的0级到巨浪12级，不同风力级别的浪高也不同，风力越大浪越高。

五、雷电

雷电是伴有闪电和雷鸣的一种自然现象，常伴有强烈的阵风和暴雨，有时还伴有冰雹和龙卷风。雷电会产生超大电流及超高压。雷电天气禁止自然水域游泳场所开放。

六、暗流

暗流主要由两水交汇、潮汐、大浪及水下地形落差形成。它的流动是不规则的。有暗流的地方，水面呈现翻滚，水流迂回或逆流。

第二节　观察

观察是指救生员在自然水域游泳场的工作岗位上，通过环视和扫视的方法或借助于器械对负责的区域进行观察，及时发现安全隐患，防止溺水事故发生的一种专门救生技术。

一、观察方法

自然水域的观察方法有扫视观察、环视观察、跟踪观察、移动观察、器械观察、特殊情况的观察和厚度瞭望台观察。

（一）扫视观察

指救生员在负责的区域内，从左至右或从右至左不间断地扫视水面，观察游泳者及其周边情况（图2-2-1）。

图2-2-1

（二）环视观察

指救生员在负责的区域内，以某一观察点为中心，不间断地按顺时针或逆时针的方向环视水面，观察游泳者及其周边情况（图2-2-2）。

图2-2-2

（三）跟踪观察

指救生员在负责的区域内，对特定的对象进行重点跟踪观察（图2-2-3）。

（四）移动观察

指救生员在负责的区域内，通过在岸边行走或借助于水中器械对水面情况进行动态

图2-2-3

观察［图2-2-4（1）、图2-2-4（2）］。

图2-2-4（1）　　　　　　　　　图2-2-4（2）

（五）器械观察

指救生员借助于望远镜或影像器材，对游泳场区域进行全面观察（图2-2-5）。

图2-2-5

（六）特殊情况的观察

指救生员对游泳场区域的水文、气象（风雨、雷电、潮汐）、危险生物（鲨鱼、海蜇等）和污染物（油污、垃圾等）情况进行观察。

（七）瞭望台观察

在瞭望台（图2-2-6）当值的救生员如发现游泳者遇险，或需采取拯救行动，应立即响起警钟，并指出溺水者的位置，以便其他救生员加入拯救。

二、重点观察对象

1. 老人、小孩、残疾人、孕妇等人群；
2. 跳水、潜水、嬉戏、打闹的群体；
3. 有肢体语言，发出呼救信号的游泳者；
4. 受伤、体力不支的人群；
5. 游泳技术欠佳或浮具脱落的人群（图2-2-7）。
6. 超越游泳警戒范围的人群。

图2-2-6

三、观察的注意事项

（一）明确责任、确保安全

不间断地观察责任水域，保持思想高度集中，做到不留死角和盲区，能够及时发现溺水事故的隐患，确保游泳者的安全。

图2-2-7

（二）突出重点、照顾全面

对老年人、儿童以及水中嬉闹、潜水等特殊人群给予重点观察。其中，未成年人必须由监护人在旁陪同，距离应保持在触手可及的安全范围内，否则不允许靠近水边。

（三）点面结合、水岸结合

观察时，既要观察水面和沿岸的情况，也要观察重点个体以及所有的游泳者。

（四）不同时段、有所侧重

中午天气炎热，重点防范人群中出现中暑等突发疾病的发生；下午游泳人群多，重点防范不了解水域情况的人群；涨潮时浪大，重点防范被浪打翻或冲走的情况；退潮时，重点防范无法回岸的人群。

第三节　判断

判断是指救生员在自然水域游泳场的工作岗位上，通过本人或借助于器材对观察情况做出正确的反应。判断得正确与否，是影响救生员采用哪一种救生技术赴救的关键。

一、判断的方法

可通过听觉、视觉和借助于器械进行判断。

（一）是否有意识

如溺水者在水中挣扎并发出求救的喊声，则溺水者尚有意识；如溺水者在水中不能自主地支配肢体动作，并且缓慢下沉或已沉入池底，则溺水者已丧失意识。

（二）是否受伤

对有意识的溺水者，可通过其本人自述，了解其受伤情况。对丧失意识的溺水者，可通过检查其肢体了解其受伤情况：察看溺水者的颈椎、腰椎是否受伤；察看溺水者是否发生外伤出血或肢体骨折。

（三）水中挣扎

因体力不支、肌肉痉挛所产生的水中挣扎的现象（图2-3-1）。

（四）动作僵硬

因呛水或碰撞异物，导致技术动作异常的现象。

图2-3-1

（五）神情异常

因突发疾病，身体产生不适，导致面部神情痛苦的现象。

（六）浮具脱落

救生圈、背漂、救生衣、浮板等浮具脱落的现象。

（七）超越警戒线

游出警戒范围的现象。

（八）水生物攻击

遇鲨鱼或水母等侵入。

二、判断的要求

1. 根据观察到的不同情况做出正确的判断。
2. 事故发生时能够迅速、果断、及时地做出判断。
3. 根据判断采用合理、有效的救生技术施救。

第四节　观察区域的划分

自然水域游泳场观察区域的划分是确保游泳者安全的必要措施，同时也是使救生员在值岗期间，加强责任心，便于确认事故责任的重要手段。

一、观察区域的划分原则

1. 不留死角，不留盲区，便于救生员观察以及观察区域内救生员之间相互补漏。
2. 合理划分观察区域，避免面积过大，保证救生员能够全面观察到区域范围内游泳者的情况。

二、观察区域的划分方法

自然水域开放游泳场要有效地将场地划分为若干个安全游泳区域。每个游泳区域内又可划分为若干个救生员观察责任区。区域的划分可采用十字区域划分法、直线区域划分法和完整区域划分法。

（一）十字区域划分法

根据水域情况将游泳场用个"十"字划分为4个区域（图2-4-1）。主要用于水域较宽、距离岸边较远的游泳场。

图2-4-1

（二）直线区域划分法

根据水域情况将游泳场用纵向直线［图2-4-2（1）］或横向直线划分为若干个区域。主要用于水域较长、距离岸边较远的游泳场［图2-4-2（2）］。

图2-4-2（1）

图2-4-2（2）

（三）完整区域法

对于面积较小的游泳区域，可不再进行划分，而采用全面观察法进行观察。

思考题

1. 什么是自然水域的观察？自然水域的观察方法有哪几种？
2. 自然水域救生员的观察对象主要有哪些？
3. 自然水域的判断方法及内容有哪些？
4. 试述自然水域游泳场观察区域的划分原则与方法。

学习笔记

学习笔记

学习笔记

学习笔记

第三章 自然水域救生赴救技术

> **内容提要**
>
> 本章主要阐述自然水域救生赴救技术，包括救生浮标、救生板、救生独木舟、救生木筏、救生快艇、救生水上摩托艇及绳索救生七大赴救技术。

赴救技术指救生员利用救生器材对溺水者施救的技术。赴救过程中救生员应以自身安全为原则，携带救生器械，用最快的速度、最短的时间以及熟练的救生技术完成赴救任务。

第一节 救生浮标赴救技术

救生员在进行岸边、水上观察时，要随身携带救生浮标，并将绳扣收好处于备用状态或将救生浮标和脚蹼插在沙滩明显的位置（图3-1-1），以便救援时能够立即使用。

图3-1-1

一、入水

（一）浮标

救生员手持救生浮标快速跑到距离溺水者较近的岸边位置，斜挎救生浮标，采用横跨步式入水方法入水，在水没及膝关节时做海豚跳，［图3-1-2（1）、图3-1-2（2）］，双目注视溺水者，防止丢失目标。

图3-1-2（1）

图3-1-2（2）

（二）浮标、脚蹼

救生员手持救生浮标和脚蹼快速跑到距离溺水者较近的岸边位置［图3-1-3（1）］，斜挎救生浮标，采用横跨步式入水方法入水，在水没及膝关节时穿上脚蹼跃入水中［图3-1-3（2）、图3-1-3（3）］。

图3-1-3（1）

图3-1-3（2）

图3-1-3（3）

二、寻找

在自然水域开放性的游泳场，当溺水者消失于观察范围时，救生员可采用徒手潜泳、浮潜、器械潜水等方法，在水中寻找溺水者。同时，召集其他救生员采用团队搜寻，包括一字排列［图3-1-4（1）］弓形排列［图3-1-4（2）］圆形排列［图3-1-4（3）］等。每次下潜时都要后退1米。

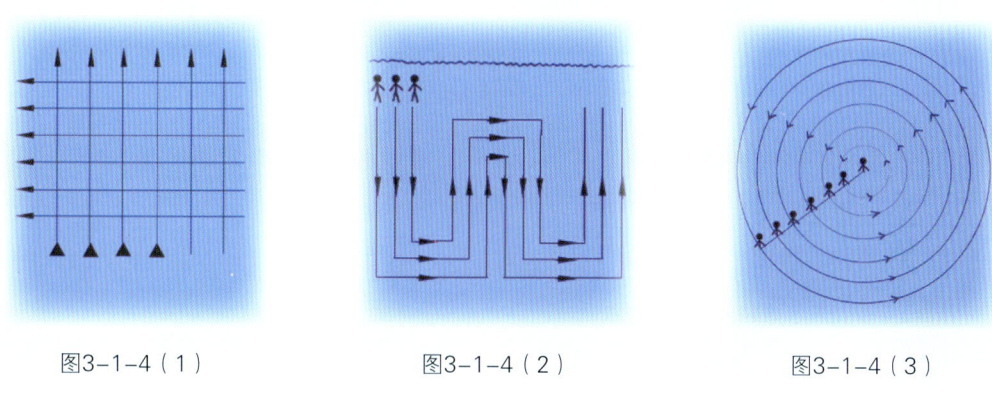

图3-1-4（1） 　　　　　　图3-1-4（2） 　　　　　　图3-1-4（3）

三、接近

（一）接近有意识的溺水者

入水后，在接近溺水者2~3米处急停，将救生浮标推向溺水者（图3-1-5），同时用语言予以安抚，使其抓住或俯卧在救生浮标上。

图3-1-5

（二）接近无意识的溺水者

游到溺水者背后，将救生浮标由其腋下穿过，在其背后把救生浮标两端的环扣扣紧（图3-1-6），托起溺水者浮于水面。

图3-1-6

四、拖带

用救生浮标对溺水者完成托起后，立即将其拖回岸边（图3-1-7）。如在拖带途中发现溺水者已无呼吸，则必须实施水上人工呼吸。拖带中遇浪时，救生员应接近溺水者，确保其口、鼻在水面以上，保持其呼吸畅通。

图3-1-7

五、上岸

救生员营救溺水者，必须选择在安全、就近的地点上岸，还要根据溺水者伤势等情况，选择上岸的方式。

（一）浅滩肩背上岸

1. 救生员将溺水者拖带至水深齐腰处，让溺水者仰卧于水面［图3-1-8（1）］。
2. 救生员移至溺水者的侧面（以溺水者的左侧为例），左手抓握其右手腕高举［图3-1-8（2）］，并绕过救生员头部。
3. 肩膀紧贴溺水者腹部，右手穿过其右大腿内侧，将其扛在肩上，握紧其右手腕，将其运送上岸［图3-1-8（3）］。

如溺水者胸骨、肋骨骨折、脊椎受损、心脑血管疾病突发者等都不适宜采用此方法。

图3-1-8（1）

图3-1-8（2）

图3-1-8（3）

（二）搀扶上岸

1. 单人搀扶上岸

救生员抓握有意识的溺水者近侧手腕，绕过救生员的肩膀，将溺水者的手臂搭在救生员的肩上，另一只手从背后扶其腰部从浅滩步行上岸（图3-1-9）。

2. 双人搀扶上岸

两名救生员分别位于溺水者的两侧，各抓握溺水者的近侧手腕绕过救生员的肩膀，将溺水者的手臂搭在自己的肩上，另一只手从背后扶其腰部，从浅滩步行上岸（图3-1-10）。

图3-1-9

图3-1-10

（三）拖带上岸

浅滩拖带用于将昏迷的溺水者由倾斜度较小的沙滩上岸。

1. 单人拖带

救生员从溺水者的背后将双臂分别由其腋下穿过，胸腹紧贴其后背，两臂屈肘抱紧其胸腹，向后拖行，将其运送上岸（图3-1-11）。

图3-1-11

2. 双人拖带

溺水者仰卧，两名救生员面对拖带方向，站在溺水者两侧，手臂从溺水者腋下穿过，弯曲肘关节，托住溺水者腋下，将其拖行运送上岸（图3-1-12）。

图3-1-12

3. 双人托抱

两名救生员分别站在溺水者两侧，面对溺水者，一只手从溺水者的膝关节下方穿过，并交叉互握手腕。另一只手臂在溺水者的背后交叉互握，托抱起溺水者运送上岸（图3-1-13）。

图3-1-13

4. 头部固定的运送

溺水者疑似颈椎受伤时，可采用固定头部的运送方法：一名救生员双臂分别穿过溺水者的腋下，弯曲肘关节，食指和中指夹住溺水者的耳朵，手掌紧贴溺水者的脸颊，固定其头部。另一名救生员抬起溺水者的双腿，共同将其运送上岸（图3-1-14）。

图3-1-14

第二节 救生板赴救技术

救生板因板身轻且浮力强,前进的速度比游泳快,因此,在自然水域中常用于救援距离岸边较远的溺水者。

一、入水

1. 救生员用单手提或双手抱起救生板[图3-2-1(1)、图3-2-1(2)],跑至下水地点后再入水。

图3-2-1(1)

图3-2-1(2)

2. 跑至水深至膝关节以上时,将救生板放入水中,板头朝向溺水者,跃上救生板跪或趴在板上[图3-2-2(1)、图3-2-2(2)]。

图3-2-2(1)

图3-2-2(2)

3. 划板。跪在救生板上，身体重心前移，双臂伸直贴近板边均匀用力地向后划水或两臂交替划水［图3-2-3（1）、图3-2-3（2）］。

图3-2-3（1）　　　　　　　　　　图3-2-3（2）

4. 从溺水者下风位接近，靠近溺水者后呈跨坐姿势（图3-2-4），以加强板的稳定性，同时用语言安抚溺水者，使其配合施救。

5. 遇大浪时，救生员可俯卧于救生板中央（图3-2-5）。如浪大无法控制救生板，救生员也可紧握救生板靠近前端的拉手，将救生板翻转，使自己垂直于水中，待大浪过后再重新上板。

图3-2-4　　　　　　　　　　图3-2-5

二、接近

（一）对有意识的溺水者。

1. 提示溺水者伸出一只手紧握救生板另一侧的拉手；［图3-2-6（1）］；
2. 提示溺水者将靠近救生板的一只腿提起露出水面；
3. 救生员抓住溺水者的腿部，协助溺水者上板；［图3-2-6（2）］；
4. 溺水者俯卧在救生员的前方；［图3-2-6（3）］；

5. 救生员俯卧于溺水者后方划水前进［图3-2-6（4）］。

图3-2-6（1）

图3-2-6（2）

图3-2-6（3）

图3-2-6（4）

（二）对无意识的溺水者

1. 救生员俯卧于救生板上，一手紧握拉手，另一手抓紧溺水者的手腕，将溺水者的手按在救生板一侧［图3-2-7（1）］；

2. 抓紧救生板的板边，利用自身力量将救生板反转，使溺水者的头部和上体翻转到板底上［图3-2-7（2）］；

图3-2-7（1）

图3-2-7（2）

3. 再次抓紧救生板边，对溺水者进行二次翻板，使溺水者身体置于板上［图3-2-7（3）］；

4. 将溺水者俯卧放置在板上的适当位置［图3-2-7（4~6）］；

5. 救生员俯卧于溺水者后方划水前进［图3-2-7（7）］。

图3-2-7（3）

图3-2-7（4）

图3-2-7（5）

图3-2-7（6）

图3-2-7（7）

三、上岸

到岸后，救生员先下板并移至溺水者的身体侧方［图3-2-8（1）］；用双臂穿过溺水者腋下将其翻转［图3-2-8（2）］，迅速将其抬离救生板，拖带上岸［图3-2-8（3）］。

图3-2-8（1）

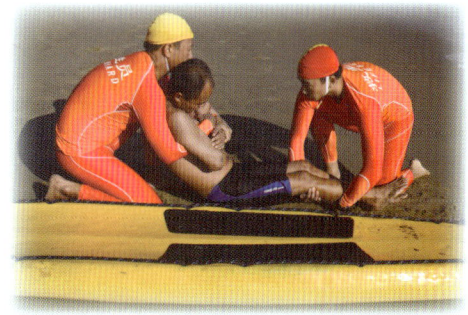
图3-2-8（2）

图3-2-8（3）

第三节　救生独木舟赴救技术

独木舟（图3-3-1）的启动和航行速度都较快，能在中短距离救援工作中充分发挥作用。独木舟可用于立即运送有意识的溺水者，对于丧失意识的溺水者，可在独木舟上立即进行人工呼吸，并呼救等待救援。

图3-3-1

一、入水

将救生独木舟运至下水点。短距离搬运时,可用双手提着舱口的边缘和桨,将船底置于大腿上[图3-3-2(1)],前行或横行;长距离搬运时,可用肩扛的方式进行搬运[图3-3-2(2)]。

将独木舟的船头朝向前进方向并推至坐舱高及膝的位置(图3-3-3)。

图3-3-2(1)

图3-3-2(2)

图3-3-3

二、接近

(一)上舟

站立在独木舟的左侧,先用右手按住桨和右舱口边缘[图3-3-4(1)],将右脚伸入舱内,再用双手按住船身将右脚前伸,重心后移,使臀部移进座位,坐稳后再伸入左脚[图3-3-4(2)、图3-3-4(3)]。

图3-3-4（1）

图3-3-4（2）

图3-3-4（3）

（二）划行

可采用向前划行、向后划行、横向划行和急停四种方式接近溺水者。

1. 向前划行（图3-3-5）

图3-3-5

（1）以右手为例，右手前伸，桨在独木舟的右舷插入水中；

（2）右手贴着船边把左桨叶后拉至腰间，左手则在胸前举至眉眼的高度后向前推进，把桨插入水中；

（3）左右手交替进行上述划水动作直至接近溺水者。

2. 向后划行（图3-3-6）

（1）以右手为例，右手把桨插入独木舟的右后方；

（2）把桨叶向前推至独木舟的前端；

（3）左侧动作同右侧。

图3-3-6

3. 横向划行（图3-3-7）

（1）救生员的头转向一侧90度，肩转45度，桨叶正面对水，桨杆低角度向舱口边缘外伸出；

（2）把桨叶插入水中，下方的手将桨叶正面向船边划，上方的手把桨杆向外推出至靠近肩部位置；

（3）当下方的手划至船边约10厘米距离时，扭转桨杆使桨叶正面朝向船尾，然后向外推出；

图3-3-7

（4）当上方的手举至头顶高度时做横推动作，下方的手做拉的动作；

（5）重复以上动作操控船身横行。

4. 急停（图3-3-8）

独木舟在前进中如需停船，可把左右两边的桨叶轮流垂直插入船两侧的水中，使独木舟停止前进。桨叶应与前进方向成直角，入水不能太深，防止翻船。

图3-3-8

三、运送

救生员通过观察溺水者和水面的情况选择适合的运送方法,主要运送方法有船头运送和船尾运送。

如发现溺水者停止呼吸,救生员可借助于独木舟的浮力,在船尾位置对溺水者进行水上口对口人工呼吸。在急救同时,要通知岸上救生员协助救援,尽快将溺水者运回岸上,做进一步的急救处理。

(一)船头运送

方法一如图3-3-9所示:

图3-3-9

1. 溺水者用双臂抱紧船头;
2. 仰面浮于水面,头部倚在船的一侧;
3. 双脚在船底左右分开夹着船身的两侧。

方法二如图3-3-10所示:

图3-3-10

1.溺水者爬上独木舟,头朝向救生员正面,俯卧于船的前端位置;

2.双手紧握独木舟的舱口;

3.双脚分开夹着船身的两侧。

(二)船尾运送

如图3-3-11所示:

图3-3-11

1.溺水者爬上独木舟尾部,头朝向救生员的背面,俯卧于船的后端;

2.双手紧握独木舟的舱口;

3.双脚分开夹着船身的两侧。

四、上岸

将溺水者运送至岸边后,对清醒的溺水者可搀扶上岸;对丧失意识的溺水者可拖带或肩背上岸。

第四节 救生筏赴救技术

救生筏是自然水域中救生员用于在指定游泳区域内巡视和拯救溺水者的一种工具。

救生筏结构有单体和双体两种,并配有警示钟、救生圈、救生浮标和对讲机(图3-4-1)。

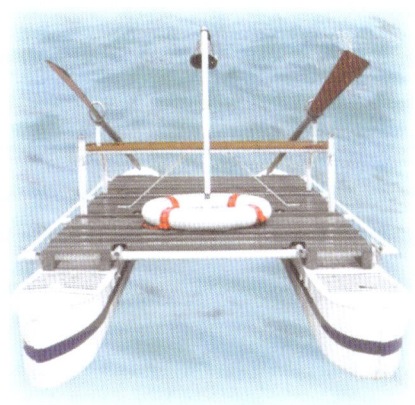

图3-4-1

一、入水

救生员将救生木筏推入水中（图3-4-2）。

图3-4-2

二、接近与运送

（一）对有意识的溺水者

如图3-4-3所示：

图3-4-3

1. 救生员操控救生筏从下风位接近溺水者；
2. 提示溺水者抓住救生筏的边缘并协助其登筏；
3. 提示溺水者坐在救生筏前甲板的适当位置。

（二）对无意识的溺水者

如图3-4-4所示：

1. 救生员操控救生筏从下风位以甲板尾部中央位置接近溺水者；
2. 救生员将溺水者拉上救生筏放置在甲板尾部；
3. 检查溺水者的呼吸和心跳，如发现溺水者没有呼吸，应立即进行心肺复苏，并尽快把溺水者送回岸上。

图3-4-4

（三）上岸

如图3-4-5所示：

1. 先向岸上的巡逻救生员发出请求支援信号，巡逻救生员收到信号后尽快清除上岸地点附近的障碍，准备引导救生木筏靠岸；

2. 救生木筏靠岸后，岸上救生员迅速上前固定木筏；

3. 救生员双臂由溺水者背后穿过其腋下把溺水者抬起，另一名救生员托着溺水者膝盖附近将其双腿抬起，合力将其抬离救生木筏运送到岸上。

自然水域游泳救生

图3-4-5

第五节　救生快艇赴救技术

救生快艇能够快速接近溺水者，并可同时运载多名溺水者，是远距离进行救援的有效工具。

在使用救生快艇时，应以安全为主，避免碰撞溺水者造成二次伤害。

一、入水

（一）放艇

驾驶员和救生员分别站在救生快艇的左右两侧，手握拉手，提起船头，合力将艇拖曳至水深可淹盖螺旋桨的地方。

救生快艇下水前驾驶员还要确保变速杆置于适当位置。

（二）启动马达

按照启动马达的操作流程启动。

（三）登艇

如图3-5-1（1）~图3-5-1（4）所示：

1.驾驶员登艇后通知救生员登艇；

2.救生员成功登艇后，驾驶员启动快艇出发。

图3-5-1（1）

图3-5-1（2）

图3-5-1（3）

图3-5-1（4）

二、接近与运送

根据水域的实际状况选择适当的接近方法接近溺水者。

如遇浪大无法控制艇或危及溺水者时,驾驶员可先驾驶救生快艇离开,再以"O"形或"8"形方式返回。

(一) 对有意识的溺水者

如图3-5-2(1)、图3-5-2(2)所示:

1. 救生员用手抓住溺水者手臂或腋下将其拉起;
2. 驾驶员一手紧握操纵杆,另一只手协助救生员。

图3-5-2(1)

图3-5-2(2)

(二) 对无意识的溺水者

如图3-5-3(1)~图3-5-3(3)所示:

1. 救生员从艇的右边先把溺水者的身体转至背向救生快艇,再将两臂由其背后穿过,勾紧腋下将其之拉起;

图3-5-3(1)

图3-5-3(2)

图3-5-3（3）

2.驾驶员开动救生快艇稍稍前进，使溺水者的腿漂浮至水面，立即用右手抓住溺水者的腿部；

3.救生员发出信号，与驾驶员合力将溺水者抬起放置在艇上；

4.如需进行人工呼吸，可立即在艇上进行。

三、上岸

将溺水者运送至岸边后，对有意识的溺水者可搀扶上岸；对丧失意识的溺水者可拖带或肩背上岸。

第六节　救生摩托赴救技术

救生摩托是由水上摩托加挂救生板而成（图3-6-1）。

图3-6-1

一、入水

如图3-6-2（1）~图3-6-2（4）所示：

1. 救生员和驾驶员分别站在救生水上摩托的左右两侧，注意水面情况，确保摩托头朝向海浪时不会被推翻；

2. 驾驶员从左边登跨，插入紧急熄火插匙，右手手腕带上钥匙手带，救生员则负责固定水上摩托，保持平衡；

3. 驾驶员启动水上摩托后，通知救生员登上救生板。

图3-6-2（1）

图3-6-2（2）

图3-6-2（3）

图3-6-2（4）

二、接近与运送

（一）对有意识的溺水者

如图3-6-3（1）~图3-6-3（4）所示：

1. 救生水上摩托根据溺水者的方位直线前行，在接近溺水者时减速，用语言提示溺水者高举左手，以配合进一步的救援；

图3-6-3（1）

图3-6-3（2）

图3-6-3（3）

图3-6-3（4）

2. 驾驶员用左手抓住溺水者高举的左手腕，右手仍控制住摩托的车把和油门，并使其稍微前行，使救生板接近溺水者；

3. 救生员提示清醒的溺水者抓紧救生板拉手；

4. 驾驶员和救生员共同协助溺水者登上救生板。

（二）对无意识的溺水者

如图3-6-4（1）~图3-6-4（6）所示：

图3-6-4（1）

图3-6-4（2）

图3-6-4（3）

图3-6-4（4）

图3-6-4（5）

图3-6-4（6）

1. 水上摩托驶近丧失意识的溺水者时，救生员从尾板处下水，协助溺水者仰卧于水面，并高举溺水者左手示意驾驶员可靠近；
2. 驾驶员用后挡驾驶水上摩托，使尾板接近溺水者；
3. 救生员用双手托着溺水者的腋下，使溺水者呈仰卧姿势，然后，双臂从溺水者腋下穿过，并沿着尾板的拉手攀上尾板。

三、回岸

驾驶员接到救生员发出的成功上板信号后快速返回岸边。

第七节 绳索救生技术

绳索救生包括绳包、救生绳和抛绳器等。

一、绳包

绳包分为腰挂式和手提式两种。绳包内的绳粗为8/10/12/16mm，色泽鲜艳，采用空芯编织，长度约为15~20米之间，可浮于水面。有的还配有浮环、浮球和安全钩［图3-7-1（1）、图3-7-1（2）］。

图3-7-1（1）

图3-7-1（2）

（一）适用范围

通常在对有意识的溺水者进行救援时采用。

（二）使用方法

1. 一手抓住绳尾，另一只手做过头上抛或由下往上的下抛动作，将绳包抛出［图3-7-2（1）~图3-7-2（5）］；

2. 抛投时对溺水者高喊，使溺水者意识到将要对他进行抛绳施救；

3. 如果第一次抛投失败，应迅速将绳收回，再次抛投。

图3-7-2（1）

图3-7-2（2）

图3-7-2（3）

图3-7-2（4）

图3-7-2（5）

二、救生绳

救生绳也可配合救生圈和救生球一起使用，在船艇和救生员无法靠近的情况下使用。

三、抛绳器

（一）适用范围

适用于河边、湖边、江边或海边等复杂救援场所，其抛射距离较远，可实现远距离水上救援。

（二）使用方法

1. 将抛绳器放置在适合抛投的地方。因抛绳器有较大的后坐力，底座必须有可靠的支撑点；
2. 打开进气阀门往气缸充气约10秒钟；
3. 将救援弹头放入枪管内，绳子系在枪上系绳片上；
4. 观察并瞄准目标；
5. 按压保险按钮；
6. 快速扣扳机并紧握片刻。

第八节　常用绳结技术

绳结是通过各种绕、穿、拉等方法将绳索（绳子）打结，用于直接施救、固定船只、固定救生器材、固定溺水者，是救生员必须掌握的一项专门救生技术。

绳子是由绳头、绳身、绳尾组成。绳子的工作端，用来打结，称为绳头；绳子的中段部分，用来做绳圈，称为绳身；其余的部分，称为绳尾（图3-8-1）。

图3-8-1

一、止滑结

（一）单结

1. 适用范围

用于临时固定、止滑。

2. 技术要点

先将绳头在绳身上绕一个圈，绳头穿进圈内，拉紧即可（图3-8-2）。

图3-8-2

(二)"8"字结

1. 适用范围

由于"8"字结体积相对比较大,可降低穿过滑轮时的速度,也可作为绳子上的某一个临时终止点,它单结牢固,又容易解开。

2. 技术要点

绳头从上至下向绳身部分绕一个圈,绳头从上而下穿回结成的圈中,拉紧绳的两边即可[图3-8-3(1)~图3-8-3(3)]。

图3-8-3(1)　　　　　　　　图3-8-3(2)

图3-8-3(3)

(三)活结(拉脱结)

1. 适用范围

适用于临时固定。绑在柱子上用力拉会越拉越紧,如果圈中没有物体,用力拉绳尾即可解开。

2. 技术要点

绳头从上而下跨过绳身绕一个圈，再从上而下穿回结成的圈中，拉紧即可［图3-8-4（1）~图3-8-4（3）］。

图3-8-4（1）

图3-8-4（2）

图3-8-4（3）

二、固定结

（一）双套结（栓马结）

1. 适用范围

适用于两边水平拉力，绑定圆柱形物体、船只靠岸固定，如果单边用力，加一个半结会更加牢固。

2. 技术要点

方法一：在绳身上做两个绳圈，将其重叠后套进物体，两头拉紧即可［图3-8-5（1）、图3-8-5（2）］。

图3-8-5（1）　　　　　　　　图3-8-5（2）

方法二：绳身在柱子上绕一个圈，绳头跨过绳身在柱子上再绕一个圈，绳头穿入刚绕的圈内拉紧即可。［图3-8-6（1）、图3-8-6（2）］。

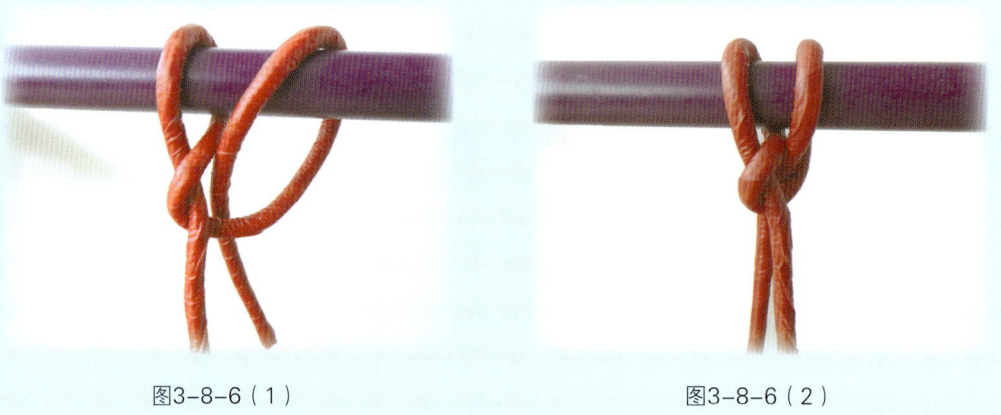

图3-8-6（1）　　　　　　　　图3-8-6（2）

（二）鲁班结（三套结）

1. 适用范围

适用于两头垂直拉力，比双套结更为牢固。

2. 技术要点

绳身在柱子上绕两个圈,绳头跨过绳身反方向绕一个圈,穿入圈内拉紧［图3-8-7（1）、图3-8-7（2）］。

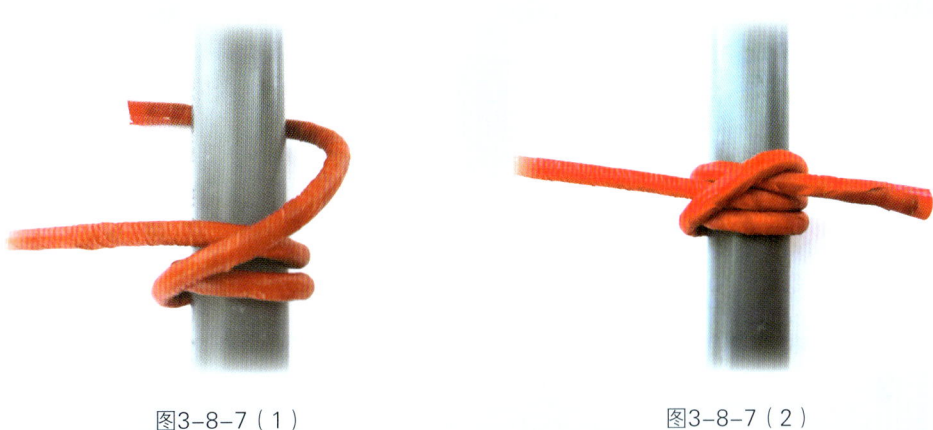

图3-8-7（1）　　　　　　　　图3-8-7（2）

（三）两环两半结（营钉结）

1. 适用范围

适用于各种斜拉绳的收尾固定。常用于扎营绑营钉、帆杆拉绳等,可随时调整绳结位置和绳结的松紧度。

2. 技术要点

绳头先在物体上绕两个圈,然后在绳身上做两个单结［图3-8-8（1）、图3-8-8（2）］。

图3-8-8（1）　　　　　　　　图3-8-8（2）

（四）称人结

1. 适用范围

适用于将人或物体吊起或放下，还可以用作捆绑锚和救生器材。安全性高，用途很广，是非常重要的固定结，有"结王"之称。

2. 技术要点

在绳身上做一个小圈（洞），绳头从圈（洞）内穿出，留出足够大小需要的绳圈（大圈），绳头绕过绳身再穿回洞里，握住绳头，拉紧绳身即可［图3-8-9（1）~图3-8-9（3）］。

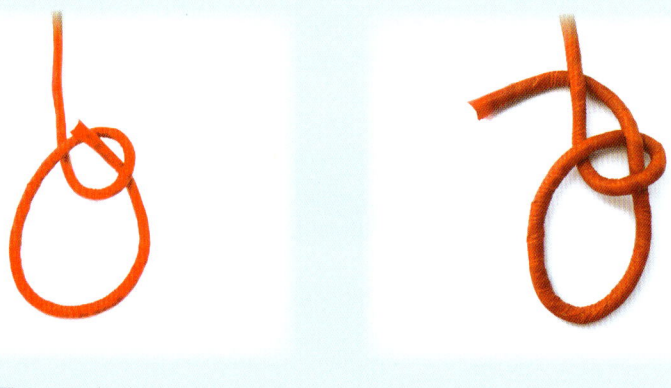

图3-8-9（1）　　　　　　　图3-8-9（2）

图3-8-9（3）

（五）双称人结

1. 适用范围

主要用于吊起失去意识的伤溺者。由于结出两个圈，可将两只脚各放入一个圈中，也可以将两只脚放在一个圈中，而将另一个圈套在腋下，即便放开双手也很安全。

2. 技术要点

在重叠成双条的绳身上做一个绳圈（洞），绳头从圈（洞）内穿出，留出足够需要大的绳圈，绳头绕过绳身再穿回洞里，握住绳头，拉紧绳身即可［图3-8-10（1）~图3-8-10（4）］。

图3-8-10（1）

图3-8-10（2）

图3-8-10（3）

图3-8-10（4）

三、连接结

(一)平结(三角巾结)

1. 适用范围

主要用于连接两条材质、粗细相同的绳索,或绳头和绳尾连接,常用在急救三角巾绷带的结尾,故又称三角巾结。

2. 技术要点

将两条绳身相交绕一圈(左搭右),再取两边绳头相交绕一圈(右搭左),拉紧即可[图3-8-11(1)、图3-8-11(2)]。

图3-8-11(1)　　　　　　　　图3-8-11(2)

(二)接索结

1. 适用范围

适用于将两条材质、粗细不同的绳索相连接。

2. 技术要点

粗绳和细绳相交后,将粗绳两头收紧,细绳绳头绕粗绳绳身2次,再从圈内穿出,拉紧细绳绳头即可[图3-8-12(1)~图3-8-12(3)]。

图3-8-12(1)

图3-8-12（2） 　　　　　　　　图3-8-12（3）

（三）渔人结

1. 适用范围

适用于随时需要调整绳子长短或绳圈大小。

2. 技术要点

将两条绳索平行排列，各自绳头在另一条绳身结一个单结，将两条绳头拉紧［图3-8-13（1）、图3-8-13（2）］。

图3-8-13（1） 　　　　　　　　图3-8-13（2）

思考题

1. 简述赴救过程中，救生员应遵循的原则。
2. 简述救生浮标赴救的步骤。
3. 上岸运送有哪几种方法与应用？
4. 简述自然水域救生赴救技术的种类。
5. 简述救生浮标赴救技术的步骤与要领。
6. 简述救生独木舟赴救技术的步骤与要领。
7. 简述救生木筏赴救技术的步骤与要领。
8. 简述救生快艇赴救技术的步骤与要领。
9. 简述救生水上摩托赴救技术的步骤与要领。
10. 简述绳包的使用方法。
11. 简述绳结在自然水域救生中的作用。
12. 简述各种绳结技术和应用。

学习笔记

学习笔记

学习笔记

学习笔记

第四章

自然水域的现场急救

> **内容提要**
>
> 本章主要介绍正常体温、低体温的心肺复苏现场急救操作流程，水上脊柱损伤的施救方法，一般开放性损伤处理以及海洋生物致伤中毒的急救处理。

所谓自然水域的现场急救是指人们在水域发生意外伤害事故，在未获得医疗救助之前，为防止溺水者情况恶化，而对其采取一系列的急救措施。作为一名海浪救生员，在发现受伤游客后应该做到：①判断正确，沉着大胆。根据病因病情，启动应急预案，争分夺秒、冷静科学地进行紧急处理。②及时稳妥，确保安全。观察现场环境，确保自己和溺水者的安全。救生员要及时稳妥地帮助溺水者脱离出事区域，采取合理的措施转移到安全区域，防止发生二次事故。③正确迅速，措施合理。正确迅速地检查溺水者的病情，如发现心跳呼吸停止，则启动心肺复苏，要一直坚持到医护人员到达现场为止；如溺水者出血，则要立即进行止血；如发生骨折，则要设法进行固定等。④配合协调，细心负责。充分运用现场可供支配的人力、物力来协助急救，及时送医院，加强途中监护与救治。

自然水域包括天然水域、公开水域和开放水域。开放水域是指属地体育主管部门申请许可或备案，具有划定公共区域的自然水域场所。为此，开放水域应建立起一整套突发事件的预案和处理意外伤害事故的应急队伍，有组织有计划地展开现场急救工作。一旦出现险情应启动应急预案，做到施救及时，分工明确，措施得当，方法正确。

第一节 溺水者的心肺复苏

现场心肺复苏是针对心跳、呼吸骤停的溺水者所采取的基础的生命支持，是挽救生命的重要阶段，也是现场地、初期地、及时地在没有任何设备的情况下，利用徒手进行抢救的有效基本措施。溺水本质是窒息，容易引起急性呼吸衰竭。窒息时间延长会导致心跳骤停。因此，应对呼吸停止者迅速进行呼吸支持，对心脏停搏者应使用心脏按压方法形成暂时的人工循环并恢复心脏自主搏动。一般而言，海水为高渗液体，氧化纳含量达3.5%，其渗透压为血液的3～4倍，对肺泡通气功能的损害和由此导致的低氧血症比淡水溺水时更为严重而持久。当海水吸入肺内后，大量的水分和蛋白质白血管渗透至肺泡腔，导致急性肺水肿。海水的高渗透作用可加重肺内分流，使肺组织水分增加、血液浓缩、血容量减少和血细胞压积增高。若在海水中淹溺3分钟后，血液可丢失40%的水分，血容量急剧减少，终致循环衰竭而死亡。由于血液浓缩，红细胞脱水，肾血流量下降，继发肾组织缺氧、肾小管坏死而发生急性肾功能衰竭。电解质紊乱主要表现为高钠、高氯、高钾血症，并可诱发严重心律失常。

海浪救生员应该恪守抢救程序，严格操作顺序，争分夺秒，相互配合，提高抢救成功率。以2015年AHA心肺复苏及心血管急救指南为标准，进行现场急救。

成人现场心肺复苏流程和成人儿童婴儿现场心肺复苏总结如表4-1-1、4-1-2所示。

表4-1-1　成人现场心肺复苏操作流程

顺序	步骤	操作方法	说明
1	观察环境	环顾四周，确定环境安全	可能带来二次险情
2	判断意识	双膝跪于地面，轻拍溺水者双肩，同时俯身在脸一侧高声呼叫"喂，你怎么了？"。判断有无意识，如无意识，呼叫人员帮忙打"120"电话	请求援助
3	摆放体位	把模拟人侧卧位翻转成仰卧位，即头颈部与躯干成一直线，双手置于躯干两侧	头颈部与躯干成一直线置于地面或硬板上。头部不能高于心脏的位置，双手置于躯干两侧。
4	触摸颈动脉和检查呼吸	右手食指、中指并拢，由喉结内侧滑移2~3厘米处，至胸锁乳突肌前缘凹陷处。判断溺水者是否有脉搏。同时，观察胸廓部是否有起伏。判断溺水者有没有呼吸或有没有正常呼吸（喘息）	没有呼吸或不能正常呼吸（仅仅是喘息） 溺水者无意识、无呼吸、无循环体征，立即进行胸外按压
5	胸外按压	①按压部位：右手中指沿溺水者的胸廓下部肋缘向上滑动摸到肋弓和剑突交点处为胸骨下切迹，食指并拢中指。左手掌根部沿胸骨下滑一直碰到食指，该手掌中心部位应该是胸骨下三分之一段，即为按压区 ②按压姿势：双手叠加，十指相扣，双肘关节绷直，以髋关节为支点，垂直向下用力	按压深度：胸骨下陷深度5~6厘米 按压频率：100次/分~120次/分 按压与放松时间比例为1:1。放松时掌根部不能离开按压部位。 按压次数：30次

（续表）

顺序	步骤	操作方法	说明
6	清理口腔	双手轻转溺水者头部偏向一侧，检查口腔。如有异物，可一手按压开下颌，另一手用食指将固体异物勾出，或用手指缠绕纱布清除口腔中的液体分泌物	如果没有异物，打开呼吸道
7	开放气道	左手的小鱼际（手掌外侧缘）部位置于溺水者前额，下压使其头部后仰。同时，右手的食指及中指放在下颌部的颏骨体上，旁开中点2厘米左右，将颏部向前抬起，帮助头部后仰，开放气道	非颈椎损伤溺水者
8	人工呼吸	吸一口气张开口唇，严密地包住溺水者的口唇，将气体吹入溺水者的口腔到肺部，使胸廓抬起。吹气后，口唇离开，并松开捏紧鼻翼的手指，使气体呼出。并侧转头吸入新鲜空气，同时观察溺水者胸廓起伏情况，再进行第二次吹气	每次气量700～1000毫升 吹气时间持续1秒 连续吹气2次
9	人工呼吸	判断心肺复苏是否有效，5个周期或2分钟后复检颈动脉搏动和呼吸，无循环现象继续徒手做心肺复苏	有呼吸→有脉搏 无呼吸→有脉搏 无呼吸→无脉搏

表4-1-2 成人儿童婴儿现场心肺复苏总结

内容	成人	儿童	婴儿
识别	没有呼吸或不能正常呼吸（即仅仅是喘息）	无反应（所有年龄）	
		不呼吸或仅仅是喘息	
心肺复苏程序	C-B-A		
按压速率	每分钟至少100次		
按压幅度	至少5厘米	至少1/3前后径 大约5厘米	至少1/3前后径 大约4厘米
胸廓回弹	保证每次按压后胸廓回弹		
按压中断	尽可能减少胸外按压的中断		
气道	仰头提颏法（怀疑有颈椎外伤：推举下颌法）		
按压-通气比率	30:2		

第二节 低体温溺水者的心肺复苏

正常人的中心体温一般波动于维持人体最佳的新陈代谢平衡点为36℃～37℃，人体中心体温低于36℃即为低体温。在干燥环境下，机体热量丢失的方式主要有辐射（55%～65%）、传导和对流（15%）以及呼吸和蒸发（20%～30%）。但是，环境的改变会彻底改变热量丢失的方式，例如游泳者在冷水浸泡传导散热会增加25倍。在对怀疑存在低体温溺水者的体温、心跳、呼吸以及其他情况进行初步的判断后，如果溺水者属轻度低体温（34℃～36℃），心肺功能尚好，仅让溺水者脱离低温环境或解除低温源，然后选用适当的被动或主动体外回升体温方法回升体温即可，应观察溺水者情况以决定溺水者是否应入院观察或进一步治疗。如果溺水者中心体温在30℃～34℃之间，呼吸心跳没有停止，只要让溺水者脱离低温环境或解除低温源，脱除潮湿衣物，采用合适的保暖措施和（或）将热水袋放于颈部、腋下或腹股沟区进行体外加温，待溺水者情况较为稳定后，再小心平稳地将溺水者转送至医院。

对于心跳呼吸没有停止的严重低体温（＜30℃）溺水者，由于一般在现场没有适当的设备及足够的时间可以测量中心体温和回升中心体温，现场处理重点应放在尽量脱离寒冷源及采取必要的回升体温措施。由于此类溺水者发生严重心律失常和心跳、呼吸骤停的危险性非常高，现场处理应该尽可能快速完成而不要延误转运。为了避免加重直立性低血压的影响，在整个过程中应尽量让溺水者保持水平体位。

如果溺水者心跳已经停止，对于各种程度低体温溺水者都应按照图4-2-1治疗流程中相应的部分来处理。对于低体温溺水者的心肺复苏还要优先考虑预防恶性心律失常的发生，低温时心脏的颤动阈下降，任何快速的运动或颠簸都可能引发室颤，即使意识清醒也可能突然出现室颤。中心体温30℃时开始出现心律失常，而体温22℃时最易出现室颤、不必要的刺激溺水者和徒手心肺复苏都可能引发室颤。救生员应该注意避免随意移动严重低体温溺水者，急救操作尽量轻柔。所以，对救生员来说不应浪费过多时间去摸脉搏而延误抢救时间。

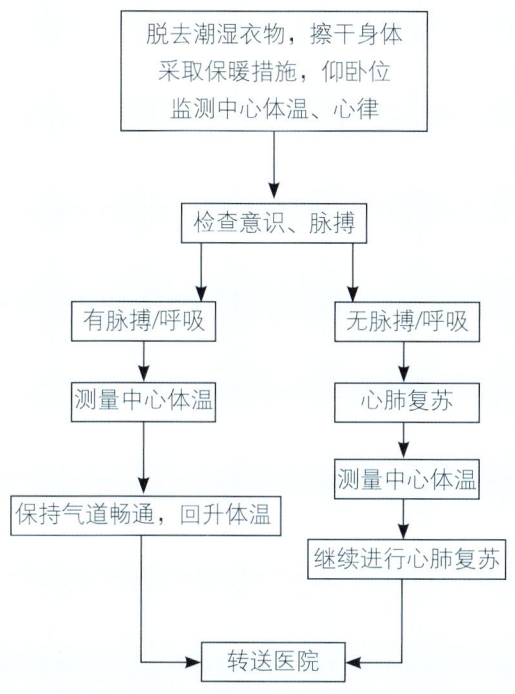

图4-2-1 低体温溺水者的现场急救流程

第三节　水上脊柱损伤的施救方法

人们在自然水域中，由于头颈或脊椎部与不明物体碰撞，造成脊柱损伤的案例时有发生。以海上脊柱损伤的溺水者为例，一般发生在海滩、近岸浅水区域和远岸深水区域。常见多为颈椎受伤溺水者。为全面提升处置突发事件应急能力，救生员要加强模拟练习，提高自身技术水平与业务能力，面对复杂环境，正确判断，争分夺秒。遇到接报后，要保持清醒头脑，采取合理行动，赶赴出事现场，施救溺水者离开危险水域，到岸上安全区域实施抢救。

一、近岸浅水区域

（一）有急救板或海面风平浪静

动作要点

步骤一：手臂固定法

救生员（甲）接近溺水者时抓紧其上臂处（用同侧手抓），使双臂向前伸展固定其头部；缓缓地向前推进使其整个身体浮在水面上，保持头颈部与身体呈一直线（图4-3-1）。

然后将溺水者向自己身体一侧翻转，使其面部朝上（图4-3-2），上臂枕在救生员（甲）的前臂上（图4-3-3）。

图4-3-1

图4-3-2

图4-3-3

易犯错误

1. 双臂没有前伸，肘关节弯曲；
2. 上臂没有夹紧头部；
3. 翻转后没有保持溺水者头部与身体呈一直线；
4. 口鼻没有露出水面。

步骤二：急救板固定法

救生员（乙）把急救板垂直压入水中，放在溺水者身下（图4-3-4）。当救生员（甲）将紧夹溺水者肩膀的手移至急救板下面时，另一手肘关节放在溺水者的胸骨上，虎口放在溺水者下颌处（图4-3-5），救生员（乙）把靠近自己一侧的手臂放置体侧（图4-3-6），和救生员（甲）换手，做相同的头胸固定（图4-3-7）。救生员（甲）将靠近自己一侧的手臂放置体侧，利用板带将溺者胸、腰、脚部（脚底绕"8"字形）固定（图4-3-8）。然后，救生员（甲）放置泡沫板固定头部。然后移至急救板侧边缓缓移动上岸（图4-3-9）。

图4-3-4

图4-3-5

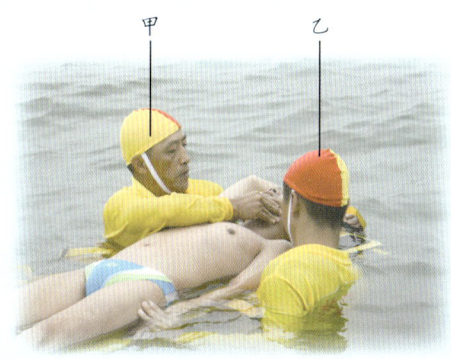

图4-3-6

图4-3-7

图4-3-8

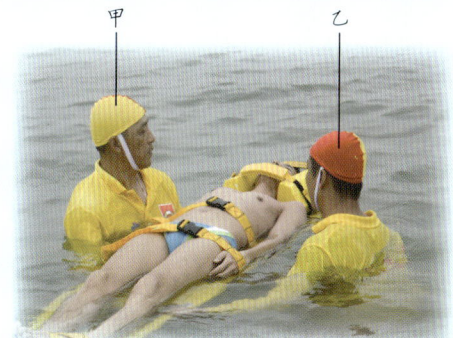

图4-3-9

易犯错误

1. 插入急救板时，没有把板垂直插入水中；
2. 胸带固定时，把双臂固定在内；
3. 脚底板带没有绕"8"字形固定；

4.运送过程中用力不均匀、不平衡,动作没有保持一致。

(二)无急救板或海面风急浪高

动作要点

步骤一:固定运送

救生员(甲)游至溺水者背后,双手穿过溺水者的腋下,按住溺水者两侧面颊,固定其头部,将其反转,以胸腹紧贴溺水者背部,保持其脊柱稳定(图4-3-10)。救生员(乙)迅速站立于溺水者双腿中间,双手抬起溺水者外侧大腿部(图4-3-11)。救生员(甲)发出步伐指示把溺水者平稳地移到海滩上(图4-3-12)。

图4-3-10

图4-3-11

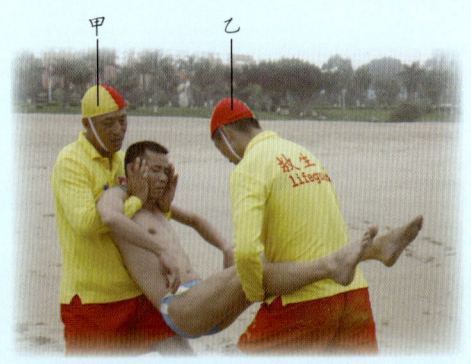

图4-3-12

步骤二：放下平躺

在沙滩上，把溺水者的身体纵向移至与岸线平行位置。救生员（甲）跨步，救生员（乙）单膝下跪，两人协同配合，慢慢放下溺水者，使其臀部着地（图4-3-13）。救生员（乙）将其双脚并拢，单膝跪在溺水者旁，用双手从救生员（甲）的手掌心与溺水者头部之间伸入，扶住溺水者头部（图4-3-14）。救生员（甲）以单手承托溺水者后脑勺（图4-3-15），另一手的肩部与上臂支撑溺水者的背部，缓缓后移让溺水者躺下（图4-3-16）。

图4-3-13

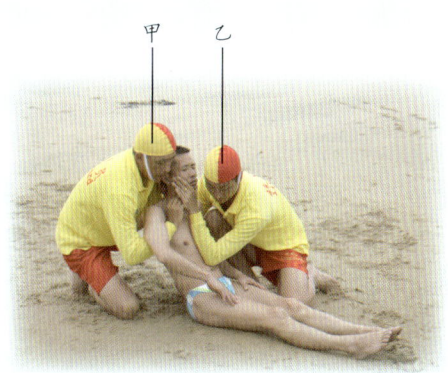

图4-3-14

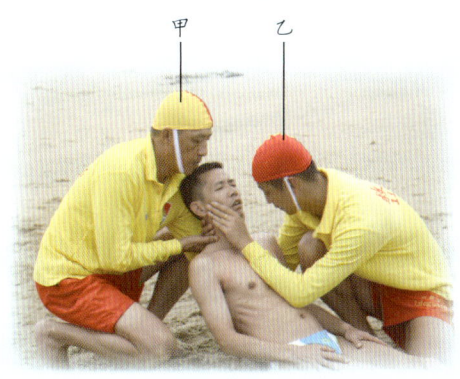

图4-3-15

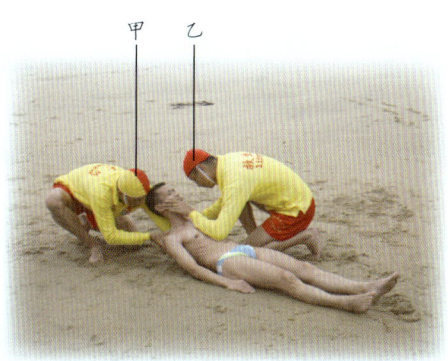

图4-3-16

注意：怀疑有颈椎损伤的溺水者佩戴颈托固定。胸椎、腰椎损伤的溺水者按步骤四直接上急救板。

步骤三：佩戴颈托

救生员（甲）在溺水者头顶部，稳固双手肘关节，拇指轻按其前额，食、中指按面颊，无名指、小指放在耳下（图4-3-17）。救生员（乙）用食指点于溺水者肚脐（图4-3-18）。救生员（甲）应小心地将其颈部置于"正中位"，即头部仰至嘴角和耳垂的连线与地面垂直，鼻尖与肚脐呈一直线（图4-3-19）。救生员（乙）用手指度量溺水者由下颌骨角下方到肩顶部距离（图4-3-20），然后从颈托的下硬边缘处测量手指距离（图4-3-21），选择适合尺寸，小心地穿入后颈（图4-3-22）。慢慢地将下颌垫小圆点与溺水者的下颌尖吻合对齐收紧固定（图4-3-23）。

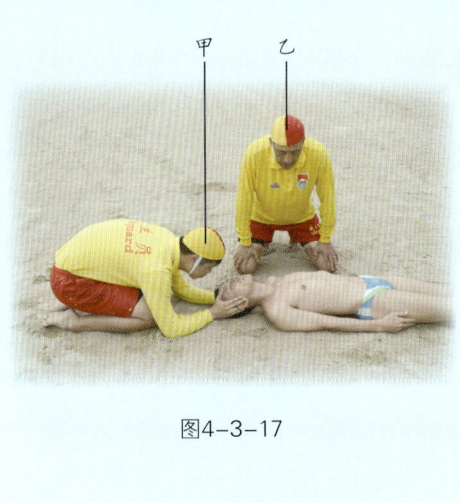

图4-3-17

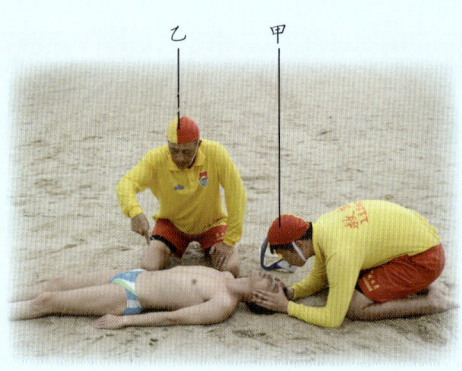

图4-3-18

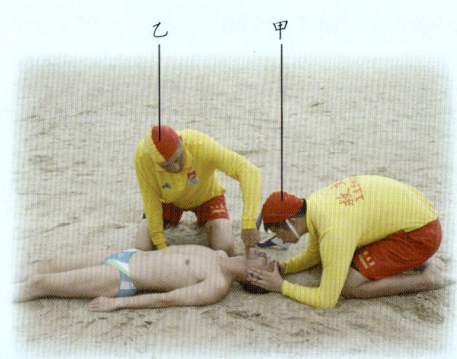

图4-3-19

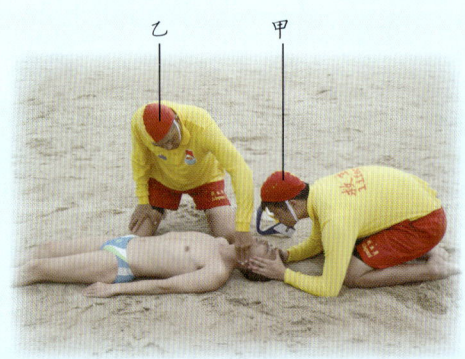

图4-3-20

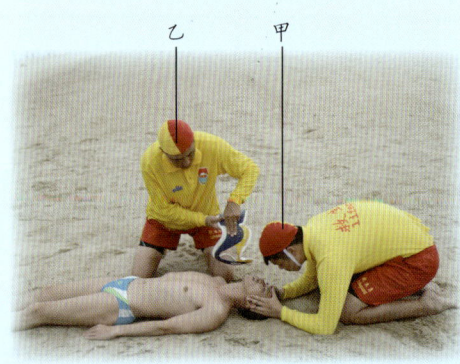

图4-3-21

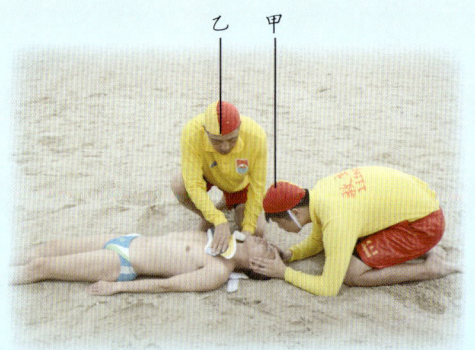

图4-3-22

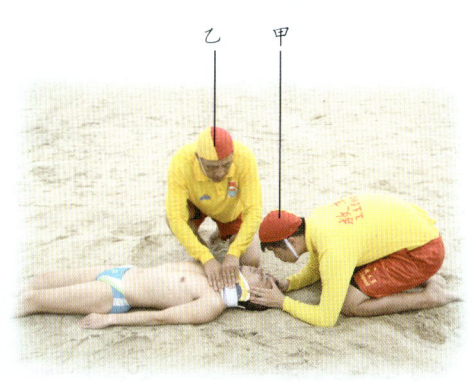

图4-3-23

步骤四：急救板固定

　　救生员（甲）先用头锁固定溺水者（图4-3-24），救生员（乙）换用胸头锁固定（图4-3-25）。救生员（甲）换改良肩头锁（图4-3-26）。然后，救生员（乙）一只手放在溺水者的远侧肩部，另一只手放在臀部上，救生员（丙）一只手放在溺水者的腰部，另一只手放在大腿部上同时侧翻（图4-3-27）。救生员（丁）插入急救板，复原平卧位（图4-3-28）。救生员（乙）依此固定胸、腰、脚部（脚底绕"8"字形）扣带（图4-3-29），后接胸头锁（图4-3-30）。救生员（甲）头部两侧放置泡沫垫、扣带（图4-3-31）。四名救生员同时紧握板侧抬起（图4-3-32）。救生员（甲）呼叫口令齐步走（图4-3-33）。

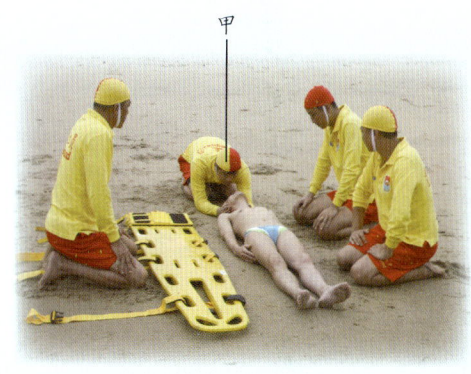

图4-3-24

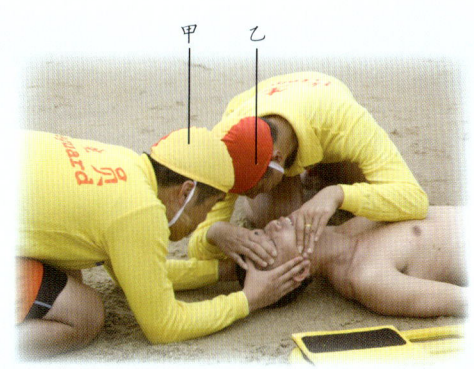

图4-3-25

自然水域游泳救生

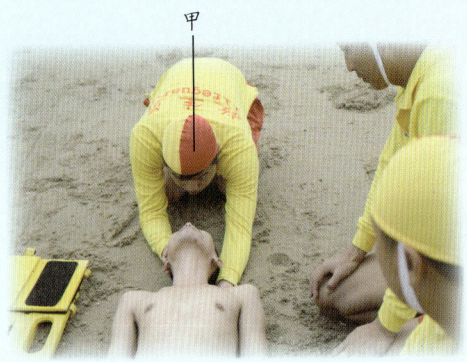

图4-3-26

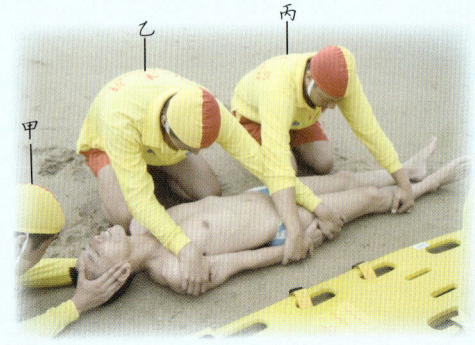

图4-3-27

图4-3-28

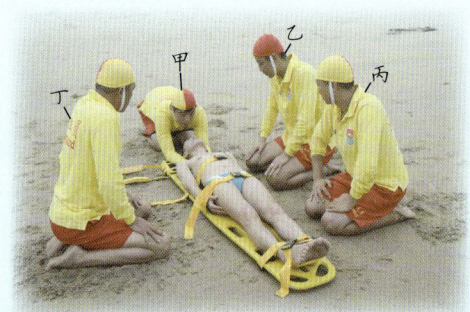

图4-3-29

图4-3-30

图4-3-31

84

图4-3-32　　　　　　　　　　图4-3-33

易犯错误

1. 救生员（甲）和救生员（乙）口令不清晰、不准确；
2. 胸头锁时捂住了溺水者的口鼻处，影响呼吸；
3. 系胸带时，两手臂被扣，脚底没有绕"8"字；
4. 泡沫垫垂直面没有放置在头部两侧。

二、远岸深水区域

在远海中，游泳者脊柱损伤的概率很小，意外发生事故可能是碰到船艇或高处坠落碰擦船体所致。一旦发生游泳者的脊柱损伤，若海面平静，则先把溺水者固定在急救板上，然后搬运到船上施救；若海面风浪较大，则救生员考虑使用其他的辅助器材，把溺水者运送到船上施救。

第四节　一般开放性损伤处理

一、清创

清创目的是在伤口未发生感染前，清除坏死或失活组织、异物、血块和彻底止血，将污染伤口转变为清洁伤口，预防感染。

基本清洗伤口的步骤是先用无菌纱布覆盖伤口。如有油污，可先用汽油或乙醚擦去，再用肥皂水刷洗皮肤，冲洗干净后擦干。取去覆盖伤口的纱布，用肥皂水（加双氧水）反复多次蘸洗伤口，后用生理盐水冲洗创面及伤道，清除明显的异物、血块和脱落的坏死组织。经上述处理后，用碘、乙醇消毒皮肤。创面过大或伤口较深时应及时送医院救治。如果是有毒生物袭击而导致出血，则清创要根据生物的种类毒素性质而定。

二、止血

出血是游泳者经常碰到的现象，由于长时间浸泡在水中，表层皮肤容易开裂，再加上海滩的不平整、不光洁、不明物等而容易造成划伤出血。按照出血的种类，可以分成动脉出血、静脉出血、毛细血管出血（表4-4-1）。少量出血不会危及生命，如果失血量达到总血量的20%以上时，会出现头晕头昏，脉搏增快，血压下降，出冷汗，脉搏细弱等现象；如果出现大出血且失血量达到总血量的40%时，就有可能危及生命。因此，争取时间采取有效止血措施，对减少创伤的死亡率和残疾率均具有重要的意义。

表4-4-1 出血种类及状态

出血种类	出血状态
动脉出血	血液颜色鲜红，出血呈喷射状，血液自近心端随脉动而冲出，失血量随血管大小而不同
静脉出血	血液颜色暗红，自伤口远心端涌出或缓慢流出，若破裂血管较大，也可能危及生命
毛细血管出血	随出血血管距离动静脉远近的不同，血液颜色可自鲜红过渡至暗红，呈点状或片状渗出，出血量较少，多可自愈

近心端、远心端在医学临床特别是急救时有广泛的应用。近心端、远心端是相对于某个位置而言的，一般可以根据心脏的位置判断，但是最为科学的是根据该处血管及血液流向来判断。近心端是动脉的上游至心脏，远心端是静脉的下游至毛细血管。如果血管出血，这时首先要判断是静脉还是动脉，可以根据伤口深浅、血液流速和颜色等来判断。如果是动脉出血，则应包扎近心端，防止失血；如果是静脉出血，则相应地包扎远心端。

（一）加压包扎止血法

加压包扎止血法是最常用的止血方法，毛细血管出血，静脉出血及前臂和足部动、静脉出血，均可用绷带纱布加压包扎止血。方法是先将无菌敷料覆盖在伤口上，再用绷带或三角巾以适当压力包扎，其松紧度以能达到止血目的为宜，必要时可将手掌放在敷料上均匀加压，一般20分钟后即可止血。适用于小动脉，中、小静脉或毛细血管出血。

（二）指压止血法

手指或拳头压迫伤口近心端的表浅动脉，用力将动脉压向深部的骨上，阻断血液流通，以达到临时止血的目的。这是一种临时止血措施，在指压止血的同时必须做好进一步处理的准备，采取止血带、加压包扎等方法止血。适用于头、面、颈部和四肢的出血。

1. **颞动脉压迫止血法**：用于头顶及颞部动脉出血。方法是用拇指或食指在耳前正对下颌关节处用力压迫。

2. 颌外动脉压迫止血法：用于肋部及颜面部的出血。用拇指或食指在下颌角前约半寸外，将动脉血管压于下颌骨上。

3. 颈总动脉压迫止血法：常用在头、颈部大出血而采用其他止血方法无效时。方法是在气管外侧，胸锁乳深肌前缘，将伤侧颈动脉向后压于第五颈椎上。但禁止双侧同时压迫。

4. 锁骨下动脉压迫止血法：用于腋窝、肩部及上肢出血。方法是用拇指在锁骨上凹摸到动脉跳动处，其余四指放在溺水者颈后，以拇指向下内方压向第一肋骨。

5. 肱动脉压迫止血法：用于手、前臂及上臂下部的出血。方法是在溺水者上臂的前面或后面，用拇指或四指压迫上臂内侧动脉血管。

（三）强屈关节止血法

在肘窝垫以棉垫卷或绷带卷，将肘关节或膝关节尽力屈曲，借衬垫物压住动脉，并用绷带或三角巾将肢体固定于屈曲位，以阻断关节远端的血流达到止血目的。可用于肘、膝关节远端肢体受伤出血，但必须先确定局部有无骨关节损伤，有骨关节损伤者禁用。

（四）止血带止血法

一般只适用于四肢大动脉出血，或采用加压包扎后不能有效控制的大出血时才选用。

注意事项：

1. 部位要准确：止血带应扎在伤口的近心端，并应尽量靠近伤口。前臂和小腿不适于扎止血带，因其有两骨，动脉常走行于两骨（前臂为尺、桡骨，小腿为胫、腓骨）之间，所以止血效果差。上臂扎止血带时，不可扎在其下1/3处，以防损伤桡神经。

2. 压力要适度：止血带的松紧度以刚达到远端动脉搏动消失，适能止血为度。

3. 衬垫要加好：止血带与皮肤之间应加衬垫，以免损伤皮肤。

4. 时间控制好：扎止血带的时间不宜超过3小时，并应每30分钟至1小时松止血带1次，放松2~3分钟。松解止血带前，要先补充血容量，做好纠正休克和止血用器材的准备；松解时，如果溺水者出血，可用指压法止血。

（五）外用药物止血法

创口贴适用于表浅的损伤，有条件时可适当应用止血药物。外用止血药有多种剂型，止血粉可加速创面血栓的形成，达到止血目的；止血纸柔软、有弹性，易黏附于创面，适用于较大创面的渗血。止血栓吸血后膨胀，可起到填塞作用，适用于有较深的、较大的创口止血。

一般小动脉和静脉出血可用加压包扎止血法。较大的动脉出血，应用止血带止血。在紧急情况下，须先用压迫法止血，然后再根据出血情况改用其他止血法。

三、固定

所有的四肢骨折均应做临时固定，目的在于限制受伤部位的活动度，从而减轻疼痛感，避免骨折断端等因磨擦而损伤血管、神经乃至重要脏器。

（一）用物

骨折临时固定最常用的器材是夹板，有铁丝夹板、木质夹板、塑料制品夹板和充气性夹板。现场抢救时若无制式器材，可因地制宜选用就便器材，如用竹板、木棒、镐把等代替。紧急情况下，可直接借助于溺水者的健侧肢体或躯干进行临时固定。另备纱布或毛巾、棉垫、绷带、三角巾等。

（二）方法

1. 前臂骨折

协助溺水者屈肘90°，拇指向上。夹板置于前臂外侧，长度超过肘关节至腕关节，然后用绷带于两端固定牢，再用三角巾将前臂悬吊于胸前，呈功能位。

2. 大腿骨折

取一长夹板放在伤腿的外侧，长度自足跟至腰部或腋窝部，另用一夹板置于伤腿内侧，长度自足跟至大腿根部，然后用绷带或三角巾分段将夹板固定。

3. 小腿骨折

取长短相等的夹板（从足跟至大腿）两块，分别放在伤腿的内外侧，然后用绷带分段扎牢。

第五节　海洋生物致伤中毒的急救处理

辽阔的海洋中生活着数以万计的生物，其中有一些对人类是有毒的。游客在海域中，可能不经意被有毒生物攻击，毒液经过破损的皮肤进入人体。毒液进入人体后可以引起机体一系列病理生理反应，如蛋白质变性、神经传递功能阻滞、溶血和各种血管活性物质释放等。海洋动物引起中毒有不同的临床表现和特点，与毒素种类、毒液剂量和个体敏感性有关。

防止受伤的主要方法是慎重选择洁净的海域或在指定的安全网内水域游泳，发现憩息的生物不要去攻击和打扰它，绝不能用手直接抓取或捞取海产物。一旦触碰受伤，应呼叫救生员或周围的人帮助,及时寻求救援,防止拖延时间,延误治疗效果。所以,为了抢救生命,为后续治疗创造条件,救生员或驻地医生对伤员的现场急救处理就显得非常重要。

一、海洋生物致伤分类

目前全世界每年被海洋生物致伤的溺水者约为4万～5万人。海洋生物致伤要分清有毒伤还是无毒伤。如果是被不熟悉的生物所伤,有可能的话将其捕获,为鉴别致伤原因和治疗提供帮助。常见的海洋生物致伤伤口一般分为擦伤、螫伤、刺伤和咬伤等。

(一)擦伤

珊瑚、藤苔、蚝或其他贝壳类生物都有坚硬的外壳,一不小心便会擦伤皮肤,造成伤口。通常这些伤口都不会引致大量出血,但是却很容易引起细菌感染。

(二)螫伤和刺伤

当皮肤接触到水母、珊瑚、海葵等海洋生物时,这些生物会释放出大量极微细的毒刺,造成螫伤;而接触海胆、海刺和一些有刺的鱼类时,则会造成轻微的螫伤和刺伤,致伤处会红肿疼痛。若是受到一些有剧毒的海洋生物螫伤或刺伤,则可能会出现中毒的现象:恶心或呕吐、伤处感觉麻痹、发绀、休克、精神迷糊,甚至昏迷、呼吸困难,严重者可引致呼吸及心跳停止。

(三)咬伤

鲨鱼、鳗鱼、海蛇以及多种鱼类都可以造成咬伤,其严重性则视伤口的部位、大小、出血情况以及伤口是否受到感染而定。轻微的咬伤只需清洗伤口,但是如果咬伤的伤口大而深,则可导致大量出血,甚至可能会因失血过多而死亡。

二、有毒海洋生物致伤处理的一般原则

(一)沉着冷静

受到海洋生物攻击后,要避免伤者恐惧和惊慌失措,尽量减少活动以避免加速毒素吸收。

(二)伤口检查

伤口一般具有外伤特征,如表皮擦伤、皮肤撕裂伤、割刺伤等。在海洋特定的环境下,要确定是一般的损伤,还是有毒生物攻击致伤,应区别对待。如果是有毒生物致人受伤,要确定伤口部位及伤口的数目、大小、深浅、污染程度等。

（三）伤口排毒

应立即冲洗，用镊子取出伤口内沙砾、血块、组织碎片及生物遗留的刺棘等异物。吸引排毒，防止毒素继续吸收。

（四）控制出血

对于出血不止或出血量过大时，清创尽量排出毒素后，使用干净布条、消毒纱布、加压绷带等，控制出血量。

（五）急救体位

应取平卧位，保持呼吸道畅通，必要时进行人工呼吸。

（六）医院救治

严重者应按急救预案送往指定医院或就近的综合性医院救治。

三、各类海洋生物伤中毒的急救处理

（一）水母（图4-5-1）

水母有三胚层，颜色呈红紫，没有口、眼。腹下虾子附在它上面吞食涎沫。伞状体内有腺可以发出一氧化碳使其膨胀，伞部边缘有六个感觉器官，一旦有物体靠近就会根据海水中的次声波快速逃走。触手中间细柄上有一粒小小的听石称"耳朵"。翼的边缘有许多细小触手，触手前端有充满液体的囊为刺胞，内有一条中空缠绕的管子，射出毒液可捕捉浮游生物及攻击"敌人"。

图4-5-1 水母

急救处理

1. 蜇伤处用大量海水或肥皂水冲洗,勿用淡水。

2. 施救者应戴手套,用镊子取出大的触手,不宜用毛巾等擦拭除去或局部使用冰块。

3. 用5%的醋酸(或食醋)或40%~70%的异丙醇浸泡或湿敷蜇伤部位,至少持续30分钟或感觉疼痛消失为止。

4. 严重蜇伤者立即于蜇伤部位近心端用绷带压迫,阻止静脉血回流,减少毒素吸收。

5. 口腔蜇伤立即用任何可获得的饮料反复漱口。

6. 眼蜇伤用大量淡水冲洗,不能用醋、醇或其他消毒剂。

7. 伤者有气短、虚弱、肌肉痉挛或其他全身症状,应立即送往医院救治。

(二)海葵(图4-5-2)

图4-5-2 海葵

海葵通常身长2.5~10厘米。它是单体的两胚层动物,无外骨骼,形态、颜色和体形各异。桶形躯干,上端有一个开口,开口旁边有触手。触手上面布有微小的倒刺能够刺穿猎物的肉体。它的体壁与触手均具有刺丝胞,能分泌一种毒液,用以麻痹其他动物以自卫或摄食。如果我们不小心摸到它们的触手,就会受到拍击而有刺痛或瘙痒的感觉。

急救处理

1. 蜇伤部位用海水冲洗或浸泡,勿用淡水冲洗。

2. 用镊子等工具除去触手和刺丝囊。

3. 用5%的醋酸或40%~70%的异丙醇或用温热高渗盐水反复冲洗。

4. 根据伤情严重性,送往医院救治。

（三）珊瑚（图4-5-3）

图4-5-3 珊瑚

珊瑚是珊瑚纲中多类生物的统称。身体呈圆筒状，有八个或八个以上的触手，触手中央有口。多群居，形状像树枝，骨骼叫珊瑚。触手用以收集食物，可做一定程度的伸展，上有特化的刺细胞，刺细胞受刺激时会翻出刺丝囊，以刺丝囊内射出毒液麻痹猎物。

急救处理

1. 被珊瑚擦伤时，可用肥皂水洗涤。
2. 用清洁水或生理盐水强力冲洗以除去附着物。
3. 用5%的醋酸或40%～70%的异丙醇冲洗或温敷。
4. 根据伤情，送医院救治。

（四）海胆类（图4-5-4）

图4-5-4 海胆

海胆俗称海刺，身体由一个球形或盘形的胆壳包围，精致的硬壳长满了许多刺样的东西叫棘。海胆有球形、心形和饼形。呈紫红色或黑色，全身长有细刺，刺的长短依海胆的种类而不同，含有神经毒素。

急救处理

1. 一旦遭到刺伤，应首先除去叉棘。
2. 用清水彻底冲洗伤口去除毒液。
3. 伤口可用5%的高锰酸钾溶液湿敷，并用0.25%～0.5%的普鲁卡因20ml做局部封闭。
4. 根据伤情，送医院救治。

（五）海星（图4-5-5）

图4-5-5 海星

海星呈五角星状，碗五狭长，逐渐变细，嘴在其身体下侧中部。体型大小不一，小到2.5厘米，大到90厘米，体色也不尽相同，几乎每只都有差别，最多的颜色有桔黄色、红色、紫色、黄色和青色等。上缘板一般有30个棘，略呈长方形，大而厚，排列整齐，如镶边状。反面密生小柱体，每个小柱体的顶上有半球形的颗粒1～20个，周缘有7～20个放射排列的小棘，棘间有膜相连。上下缘表面生有玻璃细颗粒，各板边缘都具有小棘，亦有膜相连。

急救处理

1. 用清水冲洗除去毒液。
2. 用35%的乙醇浸泡促使毒素水解。
3. 必要时可采取镇痛、防治感染等对症措施。

（六）海参（图4-5-6）

图4-5-6 海参

海参身体呈圆柱形，长20～40厘米。前端口周围生有20个触手，触手坛囊发达。背面有4~6行肉刺，腹面有3行管足。体色黄褐、黑褐、绿褐、纯白或灰白等。口在前端，多偏于腹面。肛门在后端，多偏于背面。背面一般有疣足，腹面有管足。内骨骼退化为微小骨片。肛孔兼司呼吸和排出废物。口周围有10根或更多能伸缩的触手，用于捕食或掘穴。能放出对小动物致命的毒素，但对人无生命危险。

急救处理

1. 接触海参毒素的局部皮肤，黏膜可有烧灼疼痛、红肿，呈炎性反应。
2. 用清水或加温的无水乙醇涂擦患部。
3. 眼睛接触毒液后要尽快地以清水冲洗，并滴入可卡因眼药水。
4. 中毒极严重的溺水者应快速送往医院救治。

（七）海蛇（图4-5-7）

海蛇是一类终生生活于海水中的毒蛇。海蛇鼻孔朝上，有瓣膜可以启闭，吸入空气后，可关闭鼻孔潜入水下长达10分钟之久。身体表面有鳞片包裹，鳞片下面是厚厚的皮肤，可以防止海水渗入和体液的丧失，尾部略扁平。舌下的盐腺，具有排出随食物进入体内的过量盐分的机能。小海蛇体长半米，大海蛇可达3米左右。它们栖息于沿岸近海，特别是半咸水河口一带，以鱼类为食。受到打扰或惊动时才会攻击人，有地域防御性。

急救处理

1. 立即用海水冲洗伤口。

图4-5-7 海蛇

2. 用嘴吸吮咬伤的部位，边用力吸出毒液边吐出。

3. 如果咬伤四肢，可用布条、纱布、绷带或粗绳子在伤口近心端做环形结扎，减少毒素吸收到全身。

4. 立刻送医院救治。

（八）芋螺（图4-5-8）

图4-5-8 芋螺

芋螺类有各种色彩和花纹,是一种惹人喜爱的贝类,但在它们的口腔内部有毒囊和箭头状的齿舌。齿舌能从口吻射出,损伤人的皮肤,将毒液输入人体。据报道被4种芋螺叮咬能引起人的严重中毒,它们是地纹芋螺、织锦芋螺、珍珠芋螺和黑芋螺。这些芋螺的个体相对较大,而且都生活在浅海区。轻度蜇刺伤者,数小时内即可恢复。中度蜇刺伤者,5至30分钟会相继出现精神紧张、肌肉无力、震颤、痉挛、恶心、呕吐、流泪、失声、反射消失、呼吸困难等症状。

急救处理

1. 蜇刺伤部位立即用热水冲洗。
2. 根据伤情,送医院救治。

(九)鲨鱼(图4-5-9)

图4-5-9 鲨鱼

鲨鱼食肉成性,身体坚硬,肌肉发达,呈纺锤形,凶猛异常。它可充分利用自己独特的嗅觉,探测食物存在的方向和位置。它没有鱼鳔,调节沉浮主要靠它很大的肝脏。口鼻部分因种类而异,有尖的也有大而圆的。垂直向上的尾鳍,大致呈新月形。每侧有5~7个鳃裂,在游动时海水通过半开的口吸入,从鳃裂流出进行气体交换。前行时靠身体并配合尾鳍像橹一样的摆动向前推进,稳定和控制主要运用垂直的背鳍和水平调度的胸鳍。鲨鱼多数不能倒退,很容易陷入像刺网这样的障碍中,一旦陷入就难以自拔。

急救处理

除了对危及生命大面积撕裂伤进行紧急创伤急救外,对中毒救治原则主要为止痛、抗毒及防治继发感染。

1. 用冷盐水或无菌生理盐水冲洗创面。
2. 用镊子等工具清除毒刺的皮鞘碎片。

3. 用止血带结扎伤口的近心端，以减少毒液的吸收。
4. 立即送医院救治。

（十）鲇鱼（图4-5-10）

图4-5-10 鲇鱼

鲇鱼又称作胡子鲶、黏鱼、塘虱鱼、生仔鱼、海鲇。它的显著特征是周身无鳞，身体表面多黏液，头扁口阔，上下颌有四根胡须。身上有着美丽的条纹，常常成群地在海底游荡。

急救处理

1. 用冷盐水冲洗伤口，减少毒液吸收。
2. 在向心端扎上止血带。
3. 去除伤口内毒棘的皮鞘碎片。
4. 清创后可将受伤部位浸在加有硫酸镁的温水中30至90分钟。
5. 根据伤情，送医院救治。

（十一）鲉鱼（图4-5-11）

鲉鱼头部具棘棱及皮瓣，吻圆钝，背面中央隆起。眼中大，上侧位，眼间隔凹入，中央具一纵沟。眶前骨具3棘，第三棘大且斜向下方，眶下棱明显。背鳍具12根棘，臀鳍3棘有5~6根软条，尾鳍圆截形。鳍棘基部有毒，人被刺后极为疼痛。

急救处理

1. 刺伤创口放血并彻底清洗。
2. 在向心端扎上止血带阻止毒液上行。

3. 受伤部位可以在温水中浸泡30至90分钟。
4. 根据症状，送医院救治。

图4-5-11 鲉鱼

（十二）狮子鱼（图4-5-12）

图4-5-12 狮子鱼

狮子鱼又称蓑鲉，体色华丽，多为红色，具暗色横带。在海水鱼类中属鲉科，多产于温带靠海岸的岩礁或珊瑚礁内。体延长，头侧扁，具棘棱和皮瓣。吻长而狭，背面中央凸起。眼中等大，上侧位。眼间隔狭而凹入。口端位，斜裂，上颌中央有一凹刻。上下颌和犁骨具牙，腭骨无牙。鳃盖骨具一扁棘，鳃孔宽大。背鳍很高，鳍棘细长，鳍膜深裂。胸鳍甚长大，伸越尾鳍基，鳍膜深裂，腹鳍胸位。尾鳍圆形。

急救处理

1. 用镊子等工具清除断刺。
2. 受伤部位大约在43℃～46℃左右的温水中浸泡。
3. 根据症状，送医院救治。

（十三）老虎鱼（图4-5-13）

图4-5-13 老虎鱼

老虎鱼体型延长，前部粗大，后部稍侧扁。头宽大，具凹陷和凸起，棱突粗钝。眼小，上侧位。第二眶下骨突后端甚宽，与前鳃盖骨结合。口中大，口裂几垂直。上下颌及犁骨具绒毛状牙群，头侧和下颌下方有许多发达的皮须。鳃盖膜分离，与峡部相连。体无鳞，腭骨无牙。背鳍连续，有16～17鳍棘。胸鳍下叶有两指状游离鳍条，第三、四鳍棘间距较大，鳍膜深凹。胸鳍宽大，具2游离鳍条。腹鳍大，鳍膜与体壁相连，尾鳍呈圆截形。

急救处理

1. 将坏死组织和异物彻底清除干净。
2. 用大量生理盐水、双氧水冲洗。
3. 止血带结扎伤口的近心端，以减少对毒液的吸收。
4. 立刻送医院救治。

（十四）石头鱼（图4-5-14）

图4-5-14　石头鱼

石头鱼是海洋生物中毒性很强的一种鱼，它的"致命一刺"被描述为给予人类最疼的刺痛。石头鱼貌不惊人，身长只有30厘米左右，喜欢躲在海底或岩礁下，将自己伪装成一块不起眼的石头。如果有人不留意踩着了它，它就会毫不客气地立刻反击，向外发射出致命剧毒。它的脊背上有12至14根像针一样锐利的背刺毒鳍，鳍下有毒腺，每条毒腺都直通毒囊，囊内藏有剧毒毒液。当被毒鳍刺中，毒囊受挤压，便会射出毒液，沿毒腺及鳍射入人体，使人很快中毒并一直处于剧烈的疼痛中，直到死亡。

急救处理

1. 将坏死组织和异物彻底清除干净。
2. 受伤部位可以用温水浸泡。
3. 止血带结扎伤口的近心端，以减少对毒液的吸收。
4. 立刻送医院救治。

（十五）海鳗（图4-5-15）

海鳗无毒。体长一般为0.5～1.5米，大的可达2米。体细长，躯干部近圆筒状，尾部较侧扁，无鳞。口大，上下颌延长，具强尖锐齿。鳃孔宽大。背、臀、尾鳍相连，胸鳍发达。凶猛肉食性鱼类，游动迅速。多栖息于水深50～80米的泥沙或沙泥底海区。在浪大水浊时常出动觅食，傍晚和凌晨更为活跃。

急救处理

1. 彻底进行伤口清创。

2. 包扎伤口。
3. 立刻送医院救治。

图4-5-15 海鳗

（十六）牛尾鱼（图4-5-16）

图4-5-16 牛尾鱼

牛尾鱼身体纵扁且延长，一般体长20～30厘米，主要为铁锈色、褐色、暗灰色，分布着绿色的斑块。口大横裂，眼大位于头顶。鱼体密布暗色小斑点，尾鳍圆形。性凶猛，游泳能力不强。在水深不超过30米的岩礁地区，平时停栖在礁石外缘的沙地上，将全身之半埋于沙中，以守株待兔的方式伺机伏击经过的猎物，夜晚潜沙休息。

急救处理

1. 彻底进行伤口清创。
2. 包扎伤口。
3. 立刻送医院救治。

（十七）鲼鱼（图4-5-17）

图4-5-17 鲼鱼

鲼鱼身体扁平，体盘近圆形，宽大于长。吻宽而短，吻端尖突，吻长为体盘长的1/4。眼小而突出，几乎与喷水孔等大，喷水孔紧接于眼后方。口、鼻孔、鳃孔、泄殖孔均位于体盘腹面。鼻孔在口的前方，鼻瓣伸达口裂。口小，口裂呈波浪形，口底有乳突5个，中间3个显著。齿细小，呈铺石状排列。体盘背面正中有一纵行结刺，在尾部的较大，肩区两侧有1或2行结刺。尾前部宽扁，后部细长如鞭，其长为体盘长的2～2.7倍，在其前部有1根有锯齿的扁平尾刺，尾刺基部有一毒腺。在尾刺之后，尾的背腹面各有一皮膜，腹面较高且长。体盘背面赤褐色，边缘略淡。眼前外侧、喷水孔内缘及尾两侧均呈橘黄色，体盘腹面乳白色，边缘橘黄色。

急救处理

1. 创口放血并彻底清洗局部。
2. 在向心端扎上止血带阻止毒液上行。
3. 立刻送医院救治。

（十八）泥䲟（图4-5-18）

泥䲟俗称臭肚鱼。体侧扁，椭圆形，体长达40厘米，体黄绿或黄褐色，密布白点及小黑斑。头脸似兔，故亦有兔鱼之称。腹鳍两侧有硬刺，中间为软条。体褐色，散布着许多白点。尾鳍后缘弯入。其背鳍、尾鳍和腹鳍的刺有毒腺。背鳍、腹鳍与臀鳍的硬棘强大且皆具毒腺，尾鳍略凹。与长鳍篮子鱼相似，但后者鱼体上的白点较小且密集。

急救处理

1. 将坏死组织和异物彻底清除干净。
2. 用嘴吸吮刺伤部位，边用力吸出毒液边吐出。
3. 受伤部位可以用温水浸泡30分钟左右。
4. 立刻送医院救治。

图4-5-18 泥䱓

（十九）蓝环章鱼（图4-5-19）

图4-5-19 蓝环章鱼

蓝环章鱼又名蓝圈八爪鱼。外形细小，约120毫米长，腕足上有美丽的蓝色环节，遇到危险时，身上和爪上深色的环就会发出耀眼的蓝光，向对方发出警告信号。蓝环章鱼是除河豚外唯一能产生河豚毒素的生物，其猛烈的毒性可以杀死许多成年人，而且目前尚无解毒剂。

急救处理

1. 啮咬的第一时间按住伤口并施以人工呼吸。

2. 人工呼吸必须持续数小时，直至伤者恢复到能够自行呼吸的状态为止。

3. 立刻送医院救治。即使是在医院，也只能对伤者进行呼吸与心跳的维持治疗，直到毒素浓度因身体代谢而降低。

（二十）食人鲳（图4-5-20）

图4-5-20 食人鲳

食人鲳无毒。体呈卵圆形，侧扁，尾鳍呈"又"形。体呈灰绿色，背部为墨绿色，腹部为鲜红色。牙齿锐利，下颚发达有刺，以凶猛闻名。听觉高度发达，牙齿尖锐异常，咬住后紧咬不放，以身体的扭动将肉撕下来。牙齿会轮流替换使其能持续觅食，而强有力的牙齿会立刻导致严重的咬伤。

急救处理

1. 彻底进行伤口清创。

2. 包扎伤口。

3. 立刻送医院救治。

（二十一）鳗鲶（图4-5-21）

鳗鲶又名坑鳒。体长略呈圆柱状，眼小，口大，须4对。体表光滑无鳞，具黏液。鱼体黑褐,具2条白色细纵带。第二背鳍、臀鳍与尾鳍相连,背鳍与胸鳍的锯齿状硬棘具毒腺,被刺伤时会极疼痛。生活于浅海水域,栖息于礁沙混合区或沙泥地。性凶猛,遇危险则聚集成球形。

急救处理

1. 彻底进行伤口清创。
2. 用嘴吸吮刺伤部位,边用力吸出毒液边吐出。
3. 在向心端扎上止血带阻止毒液上行。
4. 立刻送医院救治。

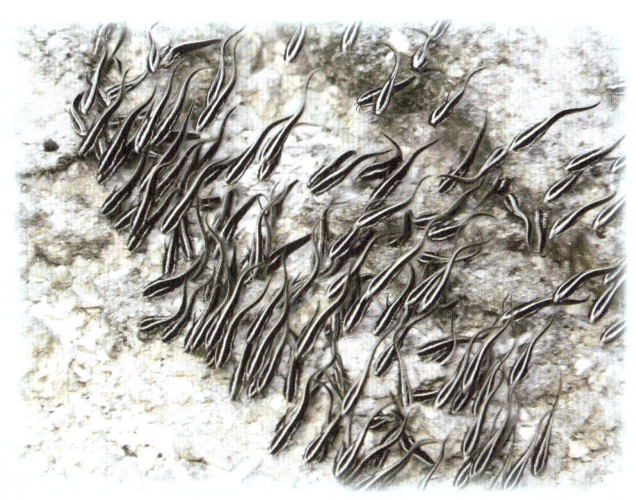

图4-5-21 鳗鲇

思考题:

1. 请详述心肺复苏的操作流程。
2. 如何对低体温的溺水者实施心肺复苏?
3. 简述对水中脊柱损伤的溺水者实施施救的方法。
4. 如何对前臂骨折的患者进行固定?
5. 简述海洋生物致伤的分类和一般处理原则。

学习笔记

学习笔记

学习笔记

学习笔记

学习笔记

第五章 自然水域游泳场地设置与管理

内容提要

本章论述自然水域游泳场的场地、救生员及救生器械的设置与管理。

第一节 游泳场地设置

自然水域对公众开放的游泳场地的选址非常重要，关系到每位游泳者的生命安危。因此，首先要把游泳场选址的安全性放在第一位。

一、场地的选择

（一）水质要求

自然水域游泳场的水质，要达到国家二类水质标准，并符合国家有关部门的相关要求。

（二）水流要求

自然水域游泳场应选择在流速较小的水域，或采取人工办法减缓水流流速。在海和江河入海口的水域选址时，要尽可能避开潮汐影响较大的水域。

（三）水域要求

在自然水域游泳场选址时，要避开礁石、水草以及水中障碍物等不安全区域。水底区域要平坦，无障碍物。

（四）泳滩要求

自然水域游泳场在岸上空旷区域内设置更衣室、工作间、急救站及游泳者休闲区等设施。游泳场要与公路相连接，并设置紧急安全通道。遇紧急情况可便于及时进行施救和疏散人员。

泳滩作为游泳者休息场所，其面积尽可能大而平坦、清洁。泳滩不能有损害游泳者安全的危险物及玻璃、铁削等碎片。泳滩内除设置必要的遮阳伞及椅具外，不宜再有其他设施，以免造成安全隐患。

二、场地设施的设置

（一）开放水域的设置

自然水域开放性游泳场应设置若干个开放水域区域，每个开放水域区域面积为200米×200米，配备岸上观察台1座，在游泳场的远端安全护栏边设置水上观察台，并配备相应的救生器材。

每个开放区域之间要用红色或橙色浮球线连接起来，形成安全游泳区域界线。小型游泳场可根据场地的实际情况设置开放水域区域。红色或橙色浮球线与防鲨网有一定距离（15至20米），以免退潮时防鲨网在水中漂浮，对游泳区域内的泳客造成不便。

（二）观察台的设置

1. 陆上观察台的设置

观察台是自然水域游泳救生员值岗、观察游泳者安全的工作台（图5-1-1）。

图5-1-1

观察台根据开放水域的实际情况设置。观察台顶部要设避雷针，有条件的情况下设置播音喇叭、闭路电视录像机、警笛等。救生员上岗时必须配置望远镜、对讲机、手提喇叭等设备。每座观察台之间相隔距离为100米，以能够有效观察到区域内安全情况为依据。

2. 水上观察台的设置

水上观察台是设置在安全游泳水域深水区以及安全警界线最外围的救生值岗台，同时也是供游泳者休息的一个浮台。

水上观察台可根据水域潮汐、水流情况设置固定或可移动浮台。设于深水的位置，根据一般要求，退潮时浮台位置的水深最少有5米。浮台要能经得起海浪、水流的冲击。海浪太大的水域不宜使用移动浮台。

水上观察台面积5~8平方米为宜，在水上观察台周边及底部，要用软体材料进行包装围实，避免游泳者碰撞造成伤害。夏季开放前要对其周围的青苔、海蛎等黏着物进行清理。

水上观察台要设置救生杆、救生球、救生圈、救生浮标等常用救生器材，以备发生紧急情况时救生员施救使用。

（三）防鲨网的设置

在一些有鲨鱼出没的海域要在安全游泳区外设置防鲨网，以防鲨鱼对游泳者的攻击。防鲨网有浮球式垂吊防鲨网和浮管式垂吊防鲨网两种。浮球、浮管使用橙红色醒目警示颜色。防鲨网使用钢丝绳网或较粗的合成纤维绳网，网身部分按网孔疏密分为上下两段，接近水面的上半段，网孔面积由25至30平方毫米不等，而直达水底的下半段，网孔面积约100毫米×100毫米，可防止鲨鱼等大鱼进入。网下垂紧贴海底并固定，而且不能受到潮汐影响。防鲨网露出海面处要设置闪灯和警示牌，警示船只和游泳者不得靠近，以防不测。

（四）急救站的设置

急救站是自然水域游泳场不可缺少的医疗抢救场所，为需要帮助的人提供援助。急救站要设立在游泳场醒目的位置，并在急救站外设有急救站标识牌。急救站内要有足够的工作空间，有条件情况下将观察区和急救站分隔开，以利于遇到紧急情况时，各方面的工作都能有条不紊地进行。

急救站要有专人负责，并配备有资质的专业医务人员或志愿者。定期对游泳救生员进行急救知识和基本技能培训，急救时游泳救生员可作为辅助人员参与抢救。

急救站要配备常用药品和急救药品，由专人负责，定期检查更新。

急救站要配备常用急救器材，如心肺复苏机、输氧机、急救板、颈托等器材［图5-1-2（1）~5-1-2（4）］，要有专人定期保养维修，保证施救时运行正常。

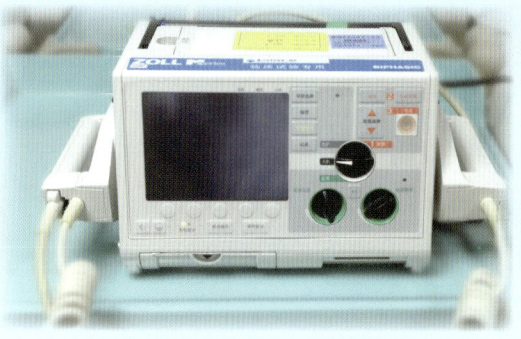

图5-1-2(2) 输氧机

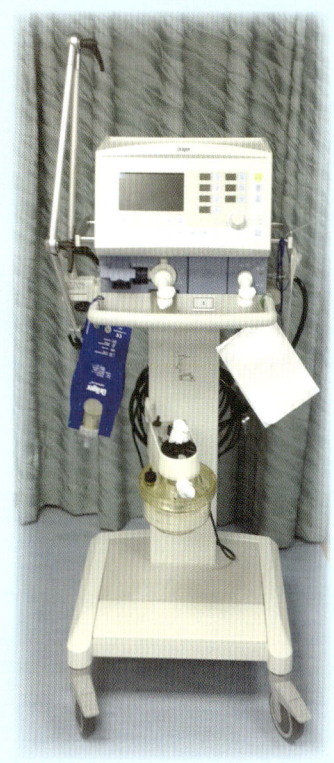

图5-1-2(1) 心肺复苏机

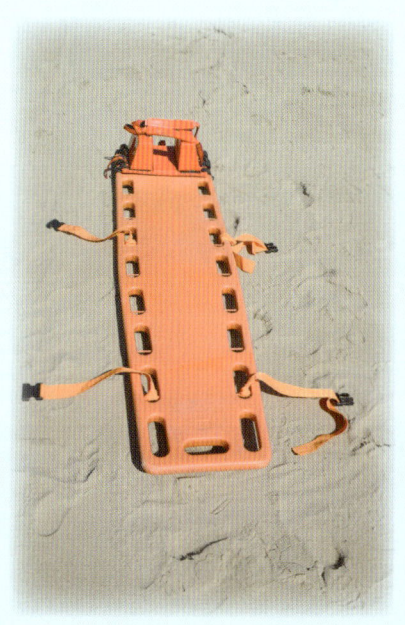

图5-1-2(3) 急救板

图5-1-2(4) 颈托

（五）沐浴间、工作区、服务区的设置

自然水域游泳场可根据各自沿岸陆上面积大小，合理安排好沐浴间、工作区和服务区。沐浴后的污水，要进行处理后再排放，避免造成对环境和水质的污染。

（六）安全标识的设置

自然水域游泳场安全标识分为告知牌、警示牌、须知牌、游泳场旗帜信号。

告知牌：包括游泳场示意图、救生员岗位值班图、绿色通道、应急通道、残疾人通道、救生器材标志牌、各工作间标志牌、水温、气温、海浪等。

警示牌：包括禁止跳水、禁止潜水、禁止冲浪、禁止滑水、禁止钓鱼、禁止烟火、禁止任何球类活动、禁止遛狗等。

须知牌：包括游泳者须知、游泳安全须知、紧急抢救程序须知（抢救宣传牌）等。

游泳场旗帜信号：包括红黄旗、十字旗、鲨鱼旗、水母旗、红旗［图5-1-3（1）~图5-3-1（5）］。

（1）红黄旗：说明游泳场有救生员值班。

（2）十字旗：说明游泳场有医疗服务。

（3）鲨鱼旗：告知附近海域有鲨鱼出没。

（4）水母旗：告知海域有水母，请勿入水。

（5）红旗：告知海域有危险，请勿入水。

图5-1-3（1）红黄旗　　图5-1-3（2）十字旗

图5-1-3（3）鲨鱼旗　　图5-1-3（4）水母旗　　图5-1-3（5）红旗

第二节　自然水域游泳场地的管理

自然水域对公众开放的游泳场平时管理和维护非常重要，是对群众安全游泳的重要保障，开放时必须升起救生员在岗的红黄旗，告知游泳者游泳场正常开放。对公众开放的海水游泳场，适宜开放的时间为夏季白天海水平潮的前后各两小时。因中国地域广阔，自然水域环境复杂，自然水域泳滩开放的日期和时间由当地批准机构确定公告。如：××政府机构批准，开放日期：××月××日—××月××日。每日开放时间：上午××时—下午××时（注：上述开放时间有救生人员义务值岗，警示文字应有：非开放时段禁止游泳）。

一、游泳场地管理的基本内容

（一）游泳场遇到以下情况必须暂停开放

1. 无救生员执岗时；
2. 雷雨、台风及其他恶劣天气；
3. 鲨鱼在游泳安全区水域附近出现；
4. 安全区水域附近出现水母群；
5. 三级海浪以上。

（二）泳滩的维护与管理

在游泳场开放期，每天都要定时对海滩及沿岸休息区进行清理维护。重点清理海滩沙中的玻璃碎片、铁削、贝类以及碎石杂草等危及安全的垃圾。有条件的游泳场可使用沙滩清扫车清理沙滩，效果更好。

（三）安全游泳区的维护与管理

游泳场开放前必须将水面漂浮物进行清理，并检查安全区连接的浮球缆绳是否完好无损。开放中发现水中有漂浮物要及时打捞，保证水面清洁和安全。

海水游泳场要利用海水退潮的间隙，及时清理安全游泳区内底部危及安全的垃圾，平整沙坑。江、河、湖游泳场每天开放前要派专人对安全区内水底进行检查清理，特别是浅水区人群经常活动区域，要重点检查，防范意外性损伤发生。

（四）防鲨网的维护与管理

游泳场每天开放前要有专人检查防鲨网是否完好。如遇鲨鱼或大型鱼类出没要及时检查防鲨网是否受损，并及时修复。

二、常规救生的必备器材

（一）游泳救生器材基本配置

1. 无动力器材

救生浮标、救生圈、救生杆、救生绳、救生板+头部固定器、冲浪板、独木舟、救生筏。

2. 有动力器材

救生皮（快）艇、水上摩托+救生板。

3. 特殊器材

水上救生浮台。

常规救生器材式样汇总如图5-2-1所示：

图5-2-1 常规救生器材

（二）救生员基本装备

救生员须身着统一救生服（图5-2-2），并佩戴相关装备上岗：哨子、对讲机、手提扬声器、脚蹼、潜水镜+呼吸管、急救腰包（救生绳、单向呼吸阀等），以及个人防护性物品（太阳镜、遮阳帽、防晒用品等）。

图5-2-2　救生员

三、救生联络信号的设置

自然水域游泳场救生员联络信号，可根据各游泳场的实际情况制定。联络信号可分为手势信号、哨音信号、警钟信号、对讲机联络。

（一）手势信号

分为岸上救生员手势信号、水上救生员手势信号、船上救生员手势信号。

1. 岸上救生员手势信号

（1）注意信号

两臂上举掌心向前，在身体两侧上下摆动［图5-2-3（1）、图5-2-3（2）］。

（2）返岸信号

单臂上举，掌心向前，前后摆动（图5-2-4）。

（3）继续离岸信号

两臂上举掌心向前，前后摆动（图5-2-5）。

图5-2-3（1） "注意"

图5-2-3（2） "注意"

图5-2-4 "返岸"

图5-2-5 "继续离岸"

（4）信息不明信号

单臂上举掌心向前，左右摆动［图5-2-6（1）、图5-2-6（2）］。

图5-2-6（1）"信息不明"　　　　图5-2-6（2）"信息不明"

（5）向右前进信号

面对水域，右臂侧平举，掌心向前（图5-2-7）。

图5-2-7　"向右前进"

（6）向左前进信号

面对水域，左臂侧平举，掌心向前（图5-2-8）。

（7）保持原位不动信号

两臂侧平举，掌心向下（图5-2-9）。

图5-2-8 "向左前进"

图5-2-9 "保持原位不动"

（8）信息明白信号

单臂上举，掌心向前，上下摆动［图5-2-10（1）、图5-2-10（2）］。

图5-2-10（1） "信息明白"

图5-2-10（2） "信息明白"

（9）调查水中物品信号

两臂侧举呈45°角，掌心向下（图5-2-11）。

（10）拯救溺水者信号

一臂侧平举屈肘呈90°角，掌心向对侧，前臂来回转圈。另一臂指向溺水者水域（图5-2-12）。

图5-2-11 "调查水中物品"

图5-2-12 "拯救溺水者"

（11）调整安全线浮球

两臂侧平举，掌心向下，上下摆动［图5-2-13（1）、图5-2-13（2）］。

图5-2-13（1）
"调整安全线浮球"

图5-2-13（2）
"调整安全线浮球"

2. 水中救生员手势信号

（1）信息明白信号

救生员在水中，单臂上举，掌心向前（图5-2-14）。

（2）信息不明信号

救生员在水中，双臂上举，掌心向前（图5-2-15）。

图5-2-14 "信息明白"

图5-2-15 "信息不明"

（3）需要支援信号

救生员在水中，单臂上举，掌心向前，左右摆动［图5-2-16（1）、图5-2-16（2）］。

图5-2-16（1） "需要支援"

图5-2-16（2） "需要支援"

3. 船上救生员手势信号

（1）鲨鱼警告信号

救生员在船上，双臂上举，掌心向前（图5-2-17）。

图5-2-17 "鲨鱼警告"

（2）信息不明信号

救生员在船上，两臂置身体两侧，掌心向前，上下挥动［图5-2-18（1）~图5-2-18（3）］。

图5-2-18（1） "信息不明"

图5-2-18（2） "信息不明"

图5-2-18（3） "信息不明"

125

（3）结束搜索信号

船上救生员双臂侧平举，掌心向前（图5-2-19）。

图5-2-19 "结束搜索"

（4）需要增援信号

救生员在水中，单臂侧上举，掌心向前，上下摆动[图5-2-20（1）、图5-2-20（2）]。

图5-2-20（1） "需要增援"　　　　图5-2-20（2） "需要增援"

（5）船只返航信号

救生员在水中，单臂侧平举，掌心向前，上下摆动[图5-2-21（1）、图5-2-21（2）]。

图5-2-21（1）　"船只返航"

图5-2-21（2）　"船只返航"

（二）哨音信号

哨音信号是紧急情况下用于近距离的警示信号，警告在陆上或水中打斗、嬉水等违规的群体及个人。处理不同情况时，可用不同的哨音信号来区分并由各游泳场救生组自行决定。

（三）警钟（警铃）信号

警钟（警铃）信号作为游泳场的特殊警示信号，在游泳场发生重大事件及气象、自然灾害即将发生时发出。警钟（警铃）信号发出后，要求在水中和岸上的所有人员撤离到游泳场指定的安全区域。

（四）对讲机联络

对讲机是自然水域游泳场救生员必备的通讯联络工具。用对讲机联络时，要求联络人之间言语清晰，简明扼要，说明情况。救生组可根据各值班岗位的设置，设定代码，方便联络。

第三节　救生员的岗位管理

一、游泳场救生员的配备

向公众开放的自然水域游泳场所的救生员配备，可根据场地的实际情况设置观察台救生员、沙滩巡逻救生员、水上巡逻救生员和水上固定观察台救生员等岗位。当游泳者增多时，可增加救生员人数，并增设流动岗。例如：以陆上观察台的区域为单位配备救生组，每一救生组最低配备7名救生员（包括观察台、岸上巡逻、水上巡逻、水上固定观察台）。

考虑到自然水域救生员在室外高温作业，应适时地进行轮岗，替换轮休，以保证救生员有充沛精力执岗。

（一）观察台

设置1~2名救生员，负责本区域游泳场的沙滩、水域安全观察，救生员调度及紧急信号发布。救生组长的岗位可设在观察台上，确保能纵观全局，指挥、领导全组救生员工作。

（二）岸上巡逻

设置2~3名救生员。岸上巡逻救生员配备救生器械，负责巡视指定范围。救生员在巡逻期间须环顾四周，时刻留意沙滩游泳者的各类活动，保持戒备，并监察近岸的游泳者，通过连线扫视了解个别游泳者的情况，包括其游泳能力、技术、行为等。观察时留意期间是否有所改变。由于巡逻时救生员与游泳者距离接近，因此发生紧急事故时可迅速到达现场立即拯救溺者，或给予同事以支持（图5-3-1）。

图5-3-1　岸上巡逻

（三）水上巡逻

每个开放区域必须设置2艘以上无动力救生船，并配备2名救生员。在安全防护网外设置一艘以上的巡逻救生快艇，应对突发溺水事件的紧急赴救（图5-3-2）。

图5-3-2 水上巡逻

（四）水上固定观察台

设置1~2名救生员，在水上固定观察台上观察责任区水域的安全。

二、救生员岗前的要求

1. 救生员岗前12小时，禁止饮用酒精类饮品。
2. 穿着救生员统一服装，配备救生器械，参加岗前会议。
3. 岗前会议由当班救生组长主持，对各岗位上岗救生员进行安排并提出执岗要求，重点是防范区域及注意事项。校对对讲机频率，测试通信信号。

三、救生员轮岗的要求

自然水域游泳场救生员执岗时间不宜太长，一般情况下以1小时轮岗一次为宜。轮岗时救生员在当班救生组长的安排下，有序地进行轮岗，切勿出现空岗。

四、救生员交接班的要求

1. 救生员在救生组长的带领下进行交接班。
2. 交接班采取组长对组长、岗位对岗位的无缝隙交接。
3. 交接班时，当班救生员要向接班救生员交代重点水域和群体等注意事项，同时仍然要目视自己的责任观察区域，保证责任观察区在自己观察视野中，不留盲区。
4. 交接班后，上一班的救生组长要召集全组救生员开小结会，对执岗工作进行讲评，并填写好值班日记。

五、游泳场紧急预案的设置

针对自然水域游泳场可能发生的事故,制订出相应详细的紧急实施预案。责任到人,工作到位,并对紧急预案进行精练、反复演练,形成战斗力。当事故发生启动紧急预案时,能从容面对,快速、高效地处理好各类案情。

(一)紧急预案的分类

1. 溺水事故预案;
2. 开放性损伤事故预案;
3. 脊柱损伤事故预案;
4. 雷雨、暴风雨、大浪天气预案;
5. 鲨鱼入侵预案;
6. 其他海洋生物致伤事故预案。

(二)紧急预案的内容

1. 确定现场指挥者

制订紧急预案,首先要确定现场指挥者。现场第一指挥者由当班救生组长担任。若第一指挥者不在现场则由第二指挥接任,并组织好现场指挥和抢救工作。

2. 紧急情况的信号发布

设定特殊的紧急事故警示信号。事故发生时,救生组长下达指令,由瞭望台救生员拉响警铃(敲响警钟),并用广播公布事故信息。执岗救生员鸣哨,组织水中游泳者有序起水到安全区域休息。

3. 明确现场人员分工

事故发生时,以当班救生员为主,根据各工作岗位所处的位置,合理安排好各岗位分工。做到责任到人,工作到位。

4. 施救员分工

现场抢救时,要对实施抢救的救生员、医务人员进行合理分工。做到抢救用的药品、器材及时到位,施救者岗位明确。

5.确保应急通道畅通,安全安置点安全

事故发生时,要有专人(工作人员或保安)负责应急通道的畅通和安全。人群上岸后的安置点要安全通畅,并有专人维持秩序,避免产生混乱等不安全因素。

6.确定事故发言人

在事故处理的整个过程中,参与抢救的所有人员都必须自觉遵守《游泳救生员守则》的规定,不擅自发表个人意见和看法。事故经调查认定后,指派专人作为事故发言人,对外公布事故发生的情况、抢救过程及处理结果。

7. 安排好事故后续工作

事故处理结束后,召集当班人员开好总结会,及时提交事故报告书,封存好现场录像及有关资料证据。

案例一

案例名称:游泳安全区域附近有鲨鱼出没

案例地点:游泳安全区域附近

1号救生浮台救生员发现防鲨网附近有鲨鱼出没,通过对讲机报告救生组长,救生组长下达在安全游泳区域游泳者迅速起水的指令(表5-3-1)。

表5-3-1 游泳安全区域附近有鲨鱼出没

工作顺序	实施内容	人员分工	备注
1	现场指挥者	救生组长,救生副组长	当第一指挥者组长不在现场时由副组长负责
2	发布紧急信号:拉响警笛,广播事故信息	1. 瞭望台救生员拉响警笛,广播事故信息 2. 陆上1号岗救生员负责升起鲨鱼旗 3. 游泳场停止开放	
3	组织水中游泳者起水登岸	1. 救生浮台救生员通过哨音和手提喇叭警示游泳者迅速上岸 2. 机动救护船救生员协同组织游泳者上岸 3. 岸上救生员疏导上岸游泳者到安全区休息	
4	检查撤离过程中有无人员受伤	岸上2号岗救生员会同医务人员检查上岸人员中有无受伤者,发现受伤及时救治	

（续表）

工作顺序	实施内容	人员分工	备注
5	监视鲨鱼动向	机动救生船上的救生员沿防鲨网警戒线监视鲨鱼动向	警戒时做好自我保护
6	检查防鲨网是否损坏	救生组长带领机动船救生员沿警戒线检查防鲨网是否损坏，发现损坏及时修复	
7	游泳场重新开放	1. 防鲨网警戒救生员监视鲨鱼，30分钟内未发现鲨鱼出没，救生组长可根据实际情况组织游泳场重新开放 2. 岸上1号岗救生员撤下鲨鱼旗 3. 当班全体救生员就位 4. 瞭望台救生员通过广播宣布解除鲨鱼警报，游泳场恢复开放	
8	填写事件报告	事件发生后救生组长及时填写事件报告，总结经验教训	

案例二

案例名称：脊柱受伤

案例地点：游泳安全区警示线附近

2号救生浮台救生员发现警戒线附近有泳者疑脊柱受伤，通过对讲机报告救生组长，救生组长下达紧急施救指令（表5-3-2）。

表5-3-2 脊柱受伤

工作顺序	实施内容	人员分工	备注
1	现场指挥者	救生组长，救生组副组长	当第一指挥者（组长）不在现场时由副组长负责
2	发布紧急信号，拨打120电话	瞭望台救生员拉响警笛，广播事故信息；拨打120电话	
3	组织水中游泳者起水登岸	1. 救生浮台救生员通过哨音和手提喇叭警示游泳者迅速上岸 2. 机动救护船救生员协同组织游泳者上岸	组织游泳者起水上岸，防止其他事故发生
4	实施抢救	1. 离伤者最近的2号救生浮台救生员入水控住伤者 2. 1号救生船救生员迅速携带脊柱板、颈托等器材紧急援助	紧急信号发布后迅速启动

(续表)

工作顺序	实施内容	人员分工	备注
5	运送伤者	伤者上脊柱板后，由1号救生船救生员和2号浮台救生员协同用救生船护送伤者上岸。岸上救生员疏通安全通道做好迎接准备	
6	护送伤者去医院	120急救车到达后与120医生做好交接（游泳场医生或救生组长），并由救生组副组长护送伤者去医院	
7	游泳场重新开放	2组救生员上岗接替上一班救生员	检查安全游泳区域无安全隐患后重新开放
8	召开事故调查会	救生组长牵头召开事故调查会	确定事故性质、责任人
9	发布事故信息	事故发言人对外发布事故信息	
10	上报事故报告	救生组长上报事故报告	
11	事故后续工作	救生组长牵头组织救生员对事故进行分析总结，吸取经验，避免类似事故再次发生	

第四节　救生器械的检查与养护

自然水域中常使用的救生器材分为非机动救生器材和机动救生器材两大类。其中，非机动救生器材有救生浮标、救生板、救生木筏、独木舟和绳索，机动救生器材有水上摩托和救生快艇。救生器材必须经常检查，正确养护，以确保性能良好。

一、救生器材的配备原则

1.使用符合中国救生协会认证及有关安全质检部门产品技术标准的救生器材。
2.定期对救生器材进行检查与养护，发现缺失及时补充。
3.不能使用检修保养不合格的救生器材。

二、非机动救生器械的检查与养护

非机动救生器材应参照各种器材的保养说明，定期进行检查，仔细查看有无老化、破损情况。应存放在干爽的地方，避免在阳光下直接暴晒（图5-4-1、图5-4-2）。如果器材被海水浸湿，应先用淡水冲洗干净，待风干后再进行存放，在存放过程中还要避免接触化学物品，防止受到腐蚀。

图5-4-1

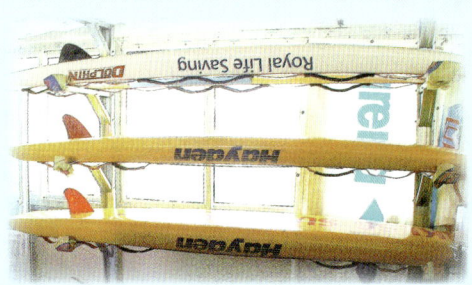

图5-4-2

三、机动救生器械的检查与养护

（一）艇体部分的检查与养护

艇体表面要保持干净，艇体内的积水要及时排干，如发现艇体内有脱胶开裂或漏气的情况要及时修补。尤其在夏天使用时要注意气室的气压，气压大时要放气，不要将艇体放在阳光下暴晒。存放时，要将艇体表面及内部的沙子用淡水清洗干净，等晾干后放置在通风、干燥的室内，叠放要整齐并保持每艘艇体的气压相同（图5-4-3、图5-4-4），这样才能使艇体不会因变形而脱胶。

图5-4-3

图5-4-4

（二）发动机部分的检查与养护

1. 搬运

拔下油管接头，从艇体上拆下发动机，彻底排空齿轮箱内的水。在搬运的过程中确保发动机处于垂直状态，防止海水流进发动机内。

2. 检查

（1）燃气系统

检查油箱内是否有水和杂质并及时清理干净；

检查油管及接头是否有破损并保持干净；

检查燃油过滤器并及时清理更换。

（2）电气系统

检查连接线接头是否松动及损坏；

检查熄火开关座是否破损和接触完好；

检查火花塞有无污物磨损和结碳。

（3）发动机外表

检查螺旋桨叶片有无弯曲或损坏；

检查外表螺丝是否松动或缺失；

检查机盖外表是否破损。

（4）油门系统

检查油门线是否破损腐蚀；

检查油门柄与化油器的拉杆是否连接牢靠和转动灵活；

检查化油器的蝶阀转动是否灵活。

3. 养护

存放前一定要在淡水中启动最少10分钟，将发动机内部冷却水道的海水清洗干净，防止水道腐蚀、堵塞；

在淡水中启动后拔下油管，清理油管及油箱内剩余的混合油，防止混合油因长期放置而变质（混合油存放一般不超过3个月）；

将发动机用淡水冲洗干净，晾干后先用油质抹布擦拭其表面，再用干布将电气组件上的水擦拭干净，并检查电线接头是否牢靠；

拆下螺旋桨，将螺旋桨及轴清理干净，并在轴上涂抹润滑脂；

给所有的滑动零部件、接头、螺母涂抹润滑油；

将火花塞拆下，从火花塞口向内注入一定量的专用机油，拉动启动拉手3~4次，使机油能均匀分布在缸内的部件上，防止生锈；

将发动机向下竖立在干燥通风的室内。

思考题：

1. 自然水域的公众开放游泳场如何设置？
2. 自然水域的公众开放游泳场应注意哪些方面？
3. 简述自然水域救生员的联络方法。
4. 简述自然水域救生员的岗位设置与管理。
5. 自然水域安全紧急预案有哪些主要内容？
6. 简述如何检查与养护非机动救生器械。

学习笔记

学习笔记

学习笔记

学习笔记

第六章 自然水域游泳救生员培训与考核介绍

> **内容提要**
>
> 本章节对游泳池游泳救生员及自然水域游泳救生员的培训与考核做了全面介绍，通过系统学习能够使学生全面了解各级别游泳救生员的培训内容、培训场地、教师配备及考核项目、考核配分及考核要求，为学生考取各级游泳救生员资格提供参考。

第一节　游泳池游泳救生员的培训

一、游泳池游泳救生员培训的基本要求

（一）培训期限

游泳池游泳救生员国家职业标准规定，游泳池游泳救生员的培训工作属于全日制职业学校教育，根据其培养目标和教学计划确定。晋级培训期限：初级不少于40标准学时；中级不少于36标准学时；高级不少于32标准学时。

1. 理论学时（表6-1-1）

表6-1-1　游泳池游泳救生员培训理论学时

项目		初级（%）	中级（%）	高级（%）
基本要求	职业道德	5	5	5
	基础知识	20	15	10
相关知识	安全预防	35	—	—
	现场赴救（静水）	30	35	—
	现场赴救（海浪）		35	—
	现场急救	10	35	—
	现场急救（静水）	—	—	25
	现场急救（海浪）	—	—	25
	设备、器材管理	—	—	25
	培训与管理	—	10	35
合计		100	100	100

资料来源：《游泳救生员国家职业标准》。

2. 操作技能学时（表6-1-2）

表6-1-2　游泳池游泳救生员培训技能学时

项目		初级（％）	中级（％）	高级（％）
技能要求	安全预防	30	—	—
	现场赴救（静水）	40	50	—
	现场赴救（海浪）	—	50	—
	现场急救	30	40	—
	现场急救（静水）	—	—	45
	现场急救（海浪）	—	—	45
	设备、器材管理	—	—	35
	培训与管理	—	10	20
合计		100	100	100

资料来源：《游泳救生员国家职业标准》。

（二）培训教师

根据游泳池游泳救生员国家职业标准规定：培训初级游泳池游泳救生员的教师应具有本职业中级及以上职业资格证书或相关专业中级及以上专业技术职务任职资格；培训中、高级游泳池游泳救生员的教师应具有本职业高级职业资格证书或相关专业高级专业技术职务任职资格2年。

自从建立了游泳池游泳救生员国家职业标准，国家体育总局人力资源开发中心先后在上海、北京、成都、广州等地举办了游泳池游泳救生员培训教师培训班，现从事游泳池游泳救生员培训工作的培训教师都是经过国家体育总局人力资源开发中心和国家体育总局游泳运动管理中心共同培训，并经过考核且获得游泳池游泳救生员职业资格教师证书者。

（三）培训场地设施、设备及人员配置

（1）依据游泳池游泳救生员国家职业标准规定，游泳池游泳救生员的理论知识课程培训应在标准教室进行。

（2）依据游泳池游泳救生员国家职业标准规定，游泳池游泳救生员水上技能课程培训应在水深2米以上（含2米）的标准游泳池（场馆）进行。

（3）依据游泳池游泳救生员国家职业标准规定，游泳池游泳救生员技能操作培训应配备足够数量的教学器材和救生器材。例如：心肺复苏模拟人、救生假人、急救板、颈托、单向呼吸器、秒表等器材。

（4）依据游泳池游泳救生员国家职业标准规定，游泳池游泳救生员实操课程培训应按照1∶15的比例配备教师、教学用具和救生器材。

二、游泳池游泳救生员技能要求、培训任务及培训内容

（一）初级游泳池游泳救生员培训任务及培训内容

1. 技能要求

游泳池游泳救生员国家职业标准，对初级游泳池游泳救生员的职业提出了其技能要求（表6-1-3）。

表6-1-3　初级游泳池游泳救生员培训技能要求

职业功能	工作内容	技能要求	相关知识
一、安全预防	（一）安全设施检查	1.能够检查扶梯、排水口等设施的安全性 2.能够检查救生圈、救生杆等救生器材的配备和摆放情况 3.能够检查急救箱、氧气袋、心肺复苏急救盒等急救器材的有效性 4.能够检查急救箱、氧气袋等急救器材的摆放情况 5.能够检查警示牌等安全警示标识的摆放情况	1.救生器材的性能及放置要求 2.急救器材的性能及放置要求 3.安全警示标识
	（二）观察	1.能够选择观察位置 2.能够观察泳池内游泳者的活动情况，确定重点观察对象，对游泳技术不佳、体弱、突发疾病等异常情况的游泳者进行判断 3.能够对泳池内进行不安全活动的游泳者进行提醒和警示	1.观察方法、观察要求和注意事项 2.泳池内游泳者活动常见的安全隐患 3.溺水事故产生的原因及预防

（续表）

职业功能	工作内容	技能要求	相关知识
二、现场赴救	（一）池岸赴救	1.能够根据溺水者的情况，在岸边选择救生方式 2.能够选用救生杆、救生圈等救生器材对溺水者施救	1.池岸赴救的救生方式 2.救生器材的原理及注意事项 3.溺水者的心理特征 4.池岸赴救的要求和注意事项
	（二）水中赴救	1.能够根据场地和溺水者的情况，选择入水方法接近溺水者 2.能够在被抓抱时解脱 3.能够根据溺水者情况选择水中拖带方法 4.能够根据泳池设施和溺水者的清醒程度选择上岸方法 5.能够根据溺水者情况采取肩背方法进行施救	1.入水方法和注意事项 2.接近方法和注意事项 3.解脱方法和注意事项 4.水下寻找方法和注意事项 5.拖带方法和注意事项 6.上岸方法和注意事项 7.肩背方法和注意事项
三、现场急救	（一）溺水急救	1.能够判断溺水者有无意识 2.能够根据溺水者情况摆放急救体位 3.能够畅通不损伤溺水者的呼吸道 4.能够在岸上对溺水者进行人工呼吸 5.能够在岸上对溺水者进行心肺复苏	1.人体生理、解剖基本原理 2.溺水事故现场急救步骤 3.判断意识的注意事项 4.摆放急救体位的注意事项 5.人工呼吸原理和注意事项 6.心肺复苏原理和注意事项
	（二）运动损伤急救	1.能够处理肌肉痉挛、软组织损伤等运动损伤 2.能够对游泳者的伤口进行消毒、包扎等处理	1.游泳运动中肌肉痉挛、软组织损伤的症状 2.游泳运动中肌肉痉挛、软组织损伤的急救要求和注意事项 3.伤口处理的方法

2. 培训任务

依据游泳池游泳救生员国家职业标准，明确了初级游泳池游泳救生员的培训任务是：通过系统学习游泳救生的基础知识，掌握游泳救生员的基础知识和救生知识；通过游泳救生员实操技能训练，熟练掌握安全预防、赴救技术、心肺复苏、现场急救等专业技能。

3. 初级游泳池游泳救生员培训内容及学时分配

（1）培训内容（表6-1-4）

表6-1-4　初级游泳池游泳救生员培训内容

章节	教学内容	理论部分	实践部分
第一部分：游泳救生基本知识部分	我国游泳救生发展现状 游泳救生的定义与分类 游泳救生工作的意义及基本原则	* ★ ★	★ ★ ★
第二部分：游泳救生基本技术部分	踩水技术 反蛙泳 侧泳 潜泳 抬头爬泳	★ ★ ★ ★ ★	★ ★ ★ ★ ★
第三部分：观察与判断部分	观察的意义与方法 判断的意义与方法 观察区域的划分	★ ★ ★	★ ★ ★
第四部分：现场赴救技术部分	间接赴救（使用器材施救） 直接赴救 入水 接近 解脱（陆上） 拖带 上岸 工运送	★ ★ ★ ★ ★ ★ ★ ★	★ ★ ★ ★ ★ ★ ★ *
第五部分：现场急救部分	心肺复苏 颈托的使用 急救板的使用	★ ★ ★	★ * *
第六部分：安全常识与泳池管理部分	常见各部位痉挛的解救方法 安全标识的设置 紧急预案的编制	★ ★ ★	★ * *

注："★"为教学内容；"*"为自学内容。

（2）初级游泳池游泳救生员培训学时分配

根据游泳池游泳救生员国家职业标准和游泳池游泳救生员培训大纲，初级游泳池游泳救生员培训总时数为40学时，其中理论与技能培训比例为3∶7，理论培训时数为12学时，技能培训时数为28学时（表6-1-5）。

表6-1-5　初级游泳救生员理论与技能培训学时分配表

名称	理论	技能	理论∶技能	总学时
初级游泳救生员培训	12	28	3∶7	40

理论：游泳救生概述、基本技术、观察与判断、赴救技术、现场急救、游泳池的救生管理等理论知识。

技能：基本技术、赴救技术（器材的使用、入水、接近、拖带上岸、陆上解脱）、现场急救（心肺复苏）、自救技术等基本技能。

（二）中级游泳池游泳救生员培训任务及培训内容

1. 游泳池游泳救生员的技能要求

游泳池游泳救生员国家职业标准，对中级游泳池游泳救生员的职业提出了其技能要求（表6-1-6）。

表6-1-6　中级游泳池游泳救生员技能要求

职业功能	工作内容	技能要求	相关知识
一、现场赴救（静水）	（一）水中赴救	1.能够寻找水下溺水者 2.能够使用急救板水中运送溺水者 3.能够使用护颈套对颈椎损伤的溺水者进行固定 4.能够运送脊椎损伤的溺水者上岸	1.水下寻找方法和注意事项 2.急救板使用注意事项 3.颈椎损伤者颈部固定的注意事项 4.脊椎损伤水中处理一般方法
	（二）着装赴救	1.能够穿着普通服装进行着装游泳 2.能够采用单手托枕单手做小划臂反蛙泳的拖带方法，在水中运送溺水者 3.能够水中脱衣	1.泳装与着装游泳时人体负荷及游泳能力的差异 2.着装赴救游泳技术要求和注意事项 3.水中脱衣的方法
二、现场赴救（海浪）	（一）识别、联络	1.能够识别通用水域安全标志 2.能够识别、使用旗语、手语、声号和通过无线电通讯器材与岸上救生人员联系 3.能够运用观察扫视技巧（看水）识别潜在危险情况	1.海水的比重与压力 2.波浪的要素 3.潮汐的影响 4.水域活动警示旗帜和通用水域安全标志 5.有害海洋生物的种类、伤害症状及急救方法

（续表）

职业功能	工作内容	技能要求	相关知识
	（二）着装赴救	1.能够根据溺水事故现场情况和溺水者的清醒程度选择救生器材和救生方式 2.能够根据溺水者的情况采用沙滩跑步入水、人体冲浪、滑浪技术到达溺水事故现场 3.能够根据溺水者的情况连续采用跑—游—跑的方式到达溺水事故现场 4.能够对意识清醒的溺水者采用抛物拯救方法进行施救 5.能够使用绳结、脚蹼、救生浮标及救生板等海浪救生器材对溺水者进行水上赴救及运送回岸 6.能够驾驶摩托艇、水上电单车、充气式救援艇等海浪救生设备对溺水者进行水中赴救及运送回岸	1.海浪游泳技术要求和注意事项 2.绳结、脚蹼等海浪救生器材和设备使用注意事项 3.摩托艇、水上电单车、充气式救援艇等海浪救生设备的驾驶操作规程
三、现场急救	（一）脊椎损伤救护	1.能够使用急救板对脊椎损伤的溺水者进行上板、固定 2.能够在医务人员到来之前对脊椎损伤的溺水者进行畅通呼吸道和处理呕吐物等陆上急救	1.脊椎损伤的原因及症状 2.氧气面罩等急救器材使用注意事项
	（二）运动损伤急救	1.能够处理运动性腹痛、急性胸肋痛、运动性休克等运动损伤 2.能够对骨折和脱臼等运动损伤进行固定处理	1.游泳运动中常见运动损伤的症状 2.游泳运动中常见运动损伤的急救方法和注意事项
四、培训与管理	（一）培训与指导	1.能够对初级人员进行业务指导 2.能够讲解、示范技术动作	初级人员业务指导要点、方法及注意事项
	（二）管理	1.能够划分观察区域，设置观察岗位 2.能够对游泳场所安全制度执行情况进行记录	1.观察区域划分的原则与方法 2.游泳救生员岗位设置与分工要求

2. 培训任务

依据游泳池游泳救生员国家职业标准，明确了中级游泳池游泳救生员的培训任务是：通过系统学习游泳救生的基础知识，熟练掌握游泳救生员的基础知识、专业救生知识和救生专业实操技能。并在熟练掌握救生技能的基础上，运用所学知识，向初级游泳池游泳救生员讲解、示范救生基本技术、赴救技术、心肺复苏、现场急救等专业技术动作，具备一定的救生教学能力。

3. 中级游泳池游泳救生员培训内容及学时分配

（1）培训内容（表6-1-7）

表6-1-7　中级游泳池游泳救生员培训内容

章节	教学内容	理论部分	实践部分
第一部分：游泳救生基本知识部分	我国游泳救生发展现状 游泳救生的定义与分类 游泳救生工作的意义及基本原则	* ★ ★	★ ★ ★
第二部分：游泳救生基本技术部分	踩水技术 反蛙泳 侧泳 潜泳 抬头爬泳	★ ★ ★ ★ ★	★ ★ ★ ★ ★
第三部分：观察与判断部分	观察的意义与方法 判断的意义与方法 观察区域的划分	★ ★ ★	★ ★ ★
第四部分：现场赴救技术部分	间接赴救（使用器材施救） 直接赴救 入水 接近 解脱（水中） 拖带 上岸 人工运送	★ ★ ★ ★ ★ ★ ★ ★	★ ★ ★ ★ ★ ★ ★ *
第五部分：现场急救部分	心肺复苏 颈托的使用 急救板的使用	★ ★ ★	★ ★ ★
第六部分：安全常识与泳池管理部分	常见各部位痉挛的解救方法 安全标识的设置 紧急预案的编制 标准游泳池责任区域的划分	* ★ ★ ★	* ★ ★ *

注："★"为教学内容；"*"为自学内容。

（2）中级游泳池游泳救生员培训学时分配

根据游泳池游泳救生员国家职业标准和游泳池游泳救生员培训大纲，中级游泳池游泳救生员培训总时数为36学时，其中理论与技能培训比例为1∶1，理论培训时数为18学时，技能培训时数为18学时（表6-1-8）。

表6-1-8　中级游泳池游泳救生员理论与技能培训学时分配表

	理论	技能	理论：技能	总学时
中级游泳救生员培训	18	18	1：1	36

理论：游泳救生概述、基本技术、观察与判断、赴救技术、现场急救、游泳池的救生管理等理论知识。

技能：基本技术、赴救技术（器材的使用、入水、接近、拖带上岸、水中解脱）、颈托、陆上急救板的使用、现场急救（心肺复苏）、自救技术等基本技能。

（三）高级游泳池游泳救生员培训任务及培训内容

1. 游泳池游泳救生员的技能要求

游泳池游泳救生员国家职业标准对高级游泳池游泳救生员的职业提出了其技能要求（表6-1-9）。

表6-1-9　高级游泳池游泳救生员理论与技能要求

职业功能	工作内容	技能要求	相关知识
一、现场赴救（静水）	（一）溺水急救	1.能够进行人工除颤 2.能够进行人工控水	1.除颤的原理和注意事项 2.人工控水的方法和注意事项
	（二）现场指挥	能够根据溺水事故现场情况组织施救	1.各类溺水事故的判断和处理方法 2.溺水后人体病理生理变化特征
二、现场急救（海浪）	（一）溺水急救	1.能够进行人工除颤 2.能够进行人工控水 3.能够在运送途中对溺水者进行人工呼吸 4.能够在运送途中对溺水者进行心肺复苏	1.除颤的原理和注意事项 2.人工控水的方法和注意事项 3.途中进行人工呼吸和心肺复苏的注意事项
	（二）现场指挥	1.能够根据气候、海浪、潮汐等变化，编制天然游泳场所现场布岗方案 2.能够根据溺水事故现场情况组织施救	1.海流的类型 2.海洋气象 3.天然游泳场所现场布岗方案的编制要求 4.溺水事故产生的原因 5.各类溺水事故的判断和处理方法 6.溺水后人体病理生理变化特征

（续表）

职业功能	工作内容	技能要求	相关知识
三、设备器材管理	（一）设备、器材配备	1.能够根据游泳场所实际情况制订设备、器材布置方案 2.能够制定设备、器材操作流程	1.游泳场所设备、器材布置方案的制订方法 2.设备、器材安全操作流程的制订方法
	（二）设备、器材维护	1.能够评估设备、器材的功能性和安全性 2.能够对设备、器材进行保养、调试	1.设备、器材鉴定的方法 2.设备、器材调试要求
四、培训与管理	（一）培训与指导	1.能够对中级人员进行业务指导 2.能够编写培训计划与教案 3.能够讲授游泳救生专业知识	1.中级人员业务指导要点、方法及注意事项 2.培训计划与教案的编写方法 3.教学基本原则与方法
	（二）管理	1.能够制订安全事故处理预案 2.能够撰写安全总结 3.能够编制急救预案 4.能够编制游泳场所现场安全施救方案	1.安全事故处理预案的编写原则 2.安全总结的编写要求和注意事项 3.急救预案的编制要求 4.现场安全施救方案的编写要求和注意事项

2. 培训任务

依据游泳池游泳救生员国家职业标准，明确了高级游泳池游泳救生员的培训任务是：全面学习和掌握救生专业理论知识和教学原理；能够编写培训计划、教案；能够对中级游泳池救生员讲授游泳救生专业理论知识和技能；能够编写救援预案并组织实施；能够熟练地使用先进救生设备进行施救。

3. 高级游泳池游泳救生员培训内容及学时分配

（1）培训内容

理论：游泳救生概述、基本技术、观察与判断、溺水者的心肺复苏、心肺复苏的检查程序及方法、游泳者脊柱损伤常规处理等现场急救，以及游泳救生员的培训与教学等理论知识。

技能：水中急救板的使用，包括了心脏除颤器的使用等现场急救的基本技能。

（2）高级游泳池游泳救生员培训学时分配

根据游泳池游泳救生员国家职业标准和游泳池游泳救生员培训大纲，高级游泳池游泳救生员培训总时数为32学时,其中理论与技能培训比例为3∶1,理论培训时数为24学时,技能培训时数为8学时(表6-1-10)。

表6-1-10 高级游泳池游泳救生员理论与技能培训学时分配表

	理论	技能	理论∶技能	总学时
中级游泳救生员培训	24	8	3∶1	32

第二节　游泳池游泳救生员的考核

一、各级游泳池游泳救生员操作技能考核内容表(表6-2-1)

表6-2-1 各级游泳池游泳救生员操作技能考核内容

等级＼形式	达标项目	实操部分	理论部分
初级游泳救生员考核内容	1.25米速度游（男20秒，女22秒） 2.潜泳20米	1.现场赴救 2.陆上解脱 3.心肺复苏 4.安全预防	理论试卷
中级游泳救生员考核内容	1.25米速度游（男18秒，女20秒） 2.水中徒手踩水20秒	1.现场赴救 2.颈托佩戴方法 3.陆上急救板使用 4.心肺复苏 5.培训与管理	理论试卷
高级游泳救生员考核内容	无	1.水中急救板的使用 2.心肺复苏的讲解与操作 3.培训与管理	见考核说明

二、各级游泳池游泳救生员考核内容配分表及考核说明

（一）初级游泳池游泳救生员实操考核内容配分表及考核说明

1. 初级游泳救生员（游泳池）实操考核内容配分表（表6-2-2）

表6-2-2 初级游泳池游泳救生员考核内容与配分

鉴定要求\鉴定范围		安全预防			现场赴救						现场急救		合计
		安全检查	观察	判断	入水	接近	解脱	拖带	上岸	合计	心肺复苏	运动损伤急救	
初级	选考方式	必考	必考								必考	必考	
	鉴定比重（%）	20	5	10	20	10	5	50			25	5	100
	考试时（min）	10	15								5	5	35
	考核形式	笔试	实操								实操	笔试	—

2. 考试说明

表6-2-2中列出了本职业等级的鉴定范围、选考方式、鉴定比重、考核时间、考核形式等内容。依据考核内容结构表，本职业初级考核要求如下：

（1）理论考试形式为闭卷笔试，总分为100分；救生技术考核形式为实际操作，总分为100分。在考核内容中，理论或操作技能如有一科未达到60分，即视为不合格。

（2）理论部分时间为60分钟，操作技能部分考试时间为35分钟。

（3）理论考试内容包括：职业道德，包括道德概念和职业守则；观察与判断；救生游泳基本技术；赴救技术；现场急救技术和安全预防等。

（4）操作技能考核内容。

①现场赴救：入水、接近、拖带、上岸等技术，其鉴定比重为总分的30%，考核时间为10分钟。考核形式为：学员假扮溺水者，游至距岸边15米处正面、侧面或背面原地等候。考评员给考生发出信号，考生入水、接近溺水者并将其拖带至岸边最后上岸。

注：在现场赴救这一项目考核中，不允许考生戴游泳镜进行考核。

②陆上解脱：头发被抓、手被抓、颈部被抱、腰部被抱等技术动作。其鉴定比重为总分的20%，考核时间为5分钟。

③心肺复苏是指循环支持、开放呼吸道、人工呼吸、评估等，其鉴定比重为总分的25%，考核时间为5分钟。考核形式是对模拟人进行心肺复苏的操作。

注：心肺复苏是初级游泳救生员实操考核中的否定项目，如果心肺复苏操作程序错误或其该项目总分不足15分，即算该项目考核不合格。心肺复苏项目考核不合格者，初级游泳救生员实操考核即为不合格。

④25米速度游和20米潜泳为操作技能达标项目，未达标者不能参加操作技能其他项目的考核。

（二）中级游泳池游泳救生员实操考核内容配分表及考核说明

1. 中级游泳池游泳救生员实操考核内容配分表（表6-2-3）

表6-2-3 中级游泳救生员（游泳池）实操考核配分

鉴定范围要求		现场赴救				现场急救			培训与管理		合计
		入水	接近	解脱	拖带	上岸	急救板的使用	佩戴颈托	心肺复苏	培训	管理	
中级	选考方式	必考					必考	必考	必考	必考		
	鉴定比重（%）	30					10	10	40	10		100
	考试时（min）	5					5	5	5	5		25
	考核形式	实操					实操	实操	实操	口试		

2. 考试说明

表6-2-3中列出了本职业等级的鉴定范围、选考方式、鉴定比重、考核时间、考核形式等内容。依据考核内容结构表，本职业中级考核要求如下。

（1）理论考试时间为60分钟，实践操作考核时间为25分钟。

（2）理论笔试包括：游泳公共卫生安全常识、游泳卫生常识、自我救助、安全标识设置、突发事件紧急处理预案、救生器材、急救器材、救生员装备、器材的管理与保养、通讯器材和联络信号的设置、救生基本技术、现场赴救、现场急救等。

（3）操作技能考核。

①现场赴救：包括入水、接近、解脱、拖带、上岸等技术，其鉴定比重为总分的30%，考核时间为5分钟。考核形式为：学员假扮溺水者，游至距岸边15米处正面、侧面或背面原地等候。考评员给考生发出信号，考生完成入水、接近、解脱溺水者，并将其拖带至岸边，上岸。

注：在现场赴救这一项目考核中，不允许考生戴游泳镜进行考核。

②心肺复苏技术：心肺复苏是指循环支持、开放呼吸道、人工呼吸、评估等，其鉴定比重为总分的40%，满分为40分，及格分数为24分，考核时间为5分钟。考核形式是对模拟人进行心肺复苏的操作。

注：心肺复苏是中级游泳救生员实操考核中的否定项目，如果心肺复苏操作程序错误或其该项目总分不足24分，即算该项目考核不合格。心肺复苏项目考核不合格者，中级游泳救生员实操考核即为不合格。

③佩戴颈托：学员假扮颈椎受伤者，考生两人一组，互相交叉操作，对受伤者进行颈托的佩戴，考评员根据完成情况进行打分，其鉴定比重为总分的10%，考核时间为5分钟。

④陆上急救板的使用：学员假扮颈椎受伤者，考生两人一组配合，互相交叉操作，另再配备两人学员，协同完成。考评员根据完成情况进行打分，鉴定比重为总分的10%，考核时间为10分钟。

⑤25米速度游和20秒踩水为达标项目，这两项考核未达标者不能参加后续技能考核。

（三）高级游泳池游泳救生员实操考核内容配分表及考核说明

1. 高级游泳池游泳救生员实操考核内容配分表（表6-2-4）

表6-2-4　高级游泳池游泳救生员实操考核内容配分

		培训与管理	水中急救板	心肺复苏讲解与操作	合计
高级	选考方式	必考	必考	必考	
	鉴定比重（%）	40	20	40	100
	考试时间（min）	40	10	10	60
	考核形式	笔试、口试	实操	实操、口试	

2. 考试说明

表6-2-4中列出了本职业等级的鉴定范围、选考方式、鉴定比重、考核时间、考核形式等内容。依据考核内容结构表，本职业高级考核要求如下。

（1）理论考试时间为60分钟，实践操作考核时间为60分钟。

（2）理论笔试包括：游泳公共卫生安全常识、游泳卫生常识、自我救助、安全标识设置、突发事件紧急处理预案、救生器材、急救器材、救生员装备、器材的管理与保养、通讯器材和联络信号的设置、救生基本技术、现场赴救、现场急救等。

（3）操作技能考核。

①"培训与管理"考试时间为40分钟，水中急救板考核时间为10分钟，心肺复苏讲解与操作考核时间为10分钟。

②"培训与管理"包括培训与管理两个部分，其鉴定比重为总分的40%，考核时间为40分钟。考核形式：培训部分的分值为20分，其考核形式为考生根据抽取的题签，进行现场的示范与讲解，考评员根据考生在教学及考核技术要点的把握、示范面的掌握及示范能力、讲解能力与表达等几个方面进行现场评分；管理部分的分值为20分，其考核形式为笔试，考生将根据具体命题，制订一份有针对性的开发管理计划。考评员将根据考生布岗图、观察区划分、值岗救生员管理以及应急预案等几方面进行评分。

③水中急救板的使用：学员假扮颈椎受伤者，考生两人一组配合，互相交叉操作，另再配备两人学员，协同完成。考评员根据完成情况进行打分，鉴定比重为总分的20%，考核时间为10分钟。

注：在水中急救板这一项目考核中，不允许考生戴游泳镜进行考核。

④心肺复苏技术：心肺复苏是指循环支持、开放呼吸道、人工呼吸、评估等，其鉴定比重为总分的40%，考核时间为10分钟。考核形式是首先对心肺复苏的考核步骤和考核要点进行讲解，后对电脑模拟人进行心肺复苏的操作，其鉴定比重为总分的40%。在讲解部分中，考评员将根据考生对教学及考核技术要点的把握、示范面的掌握及示范能力、教学语言的使用、亲和力与学员的交流能力等几个方面对考生进行评分。

注：心肺复苏是高级游泳救生员实操考核中的否定项目，如果心肺复苏操作程序错误或其该项目考核不合格者，高级游泳救生员实操考核即为不合格。

第三节　自然水域游泳救生员的培训

一、自然水域游泳救生员的培训基本要求

（一）培训期限

根据中国救生协会自然水域游泳救生员培训与考核标准的有关规定，游泳救生员的培训工作属于行业技能教育，根据其培养目标和教学计划确定晋级培训期限：应具备初级游泳救生员资格，并能够在自然水域游泳2000米以上，且参加中级自然水域游泳救生培训不少于36标准学时，高级不少于32标准学时。

（二）培训教师

根据中国救生协会有关自然水域游泳救生员培训与考核的规定，培训中级自然水域游泳救生员的教师，应由具有中国救生协会颁发的自然水域游泳救生员培训教师资格证书的教师担任，并具有本职业高级及以上职业资格证书或相关专业中级及以上专业技术职务任职资格；培训高级自然水域游泳救生员的教师应由中国救生协会委派，具有中国救生协会颁发的自然水域游泳救生员培训教师资格，并具有本行业高级执业资格证书。

（三）培训场地设施、设备及人员配置

（1）依据中国救生协会自然水域游泳救生员培训与考核的规定，自然水域游泳救生员的理论知识课程培训应在标准教室进行。

（2）依据中国救生协会自然水域游泳救生员培训与考核的规定，自然水域游泳救生员水上技能课程培训应在中国救生协会认定的自然水域救生培训基地进行。其中水上技能培训要求：水域面积不少于1万平方米自然水域面积，水质要达到国家三类水质标准，并符合国家有关部门的相关要求。潮差越小越好，不得有海沟及漩涡区存在，区域内不得有珊瑚及岩石等杂物存在，应设置海湾内，并有浮标（上红下黄旗）或明显标识围成的游泳区域；陆地沙滩面积不少于300平方米，沙滩平坦宽广，坡度不可太大。

（3）依据中国救生协会自然水域游泳救生员培训与考核的规定，自然水域游泳救生员技能操作培训应配备相应的教学器材和救生器材。例如：心肺复苏模拟人、救生假人、颈托、单向呼吸器、救生浮标、救生脚踏、救生急救板、救生板、救生艇、救生筏、望远镜、绳结、急救药包等器材。

（4）依据中国救生协会自然水域游泳救生员培训与考核的规定，自然水域游泳救生员实操课程培训应按照1:1:10的比例配备教师、教学用具和救生器材。

二、自然水域游泳救生员的培训任务及培训内容

（一）自然水域游泳救生员培训任务

依据中国救生协会自然水域游泳救生员培训与考核的规定，明确了自然水域游泳救生员的培训任务是：通过系统学习自然水域游泳救生的基础知识，掌握自然水域游泳救生员的基础知识和救生知识；通过自然水域游泳救生员实操技能训练，熟练掌握自然水域的安全预防、观察判断、赴救技术、心肺复苏、现场急救等专业技能。

（二）自然水域游泳救生员培训

自然水域游泳救生员培训内容包括：自然水域实用水上技术、自然水域器材（浮潜）

使用、自然水域的观察与判断、自然水域赴救技术、自然水域的现场急救、自然水域游泳场地设置与管理、自然水域游泳救生员的培训与考核等几部分内容。

1. 培训内容及学时（表6-3-1）

表6-3-1 自然水域游泳救生员培训内容及学时

序号	章节	内容	学时
1	自然水域实用水上技术	横跨步跑	4
		海豚越	
		固定式避浪	
		逆浪游泳	
		顺浪游泳	
		漩涡摆脱	
		激流救援	
2	自然水域器材（浮潜）使用	脚蹼技术	2
		呼吸管技术	
		面镜使用技术	
3	自然水域的观察与判断	自然水域环境特点	4
		自然水域观察方法及注意事项	
		自然水域判断方法	
		自然水域观察区域的划分原则及方法	
4	自然水域赴救技术	救生浮标赴救	14
		救生板赴救	
		独木舟赴救	
		救生筏赴救	
		救生快艇赴救	
		水上摩托赴救	
		绳索救生技术	
5	自然水域的现场急救	自然水域的心肺复苏	6
		水上脊柱损伤的施救方法	
		一般开放性损伤处理	
		海洋生物致伤中毒的急救处理	
6	自然水域游泳场地设置与管理	自然水域游泳场地设置	4
		场地设施的设置	
		自然水域游泳场地管理	
		自然水域救生员的岗位管理	
		自然水域救生器械检查与养护	
7	自然水域游泳救生员的培训与考核	自然水域游泳救生员的培训要求及培训内容	2
		自然水域游泳救生员的考核要求及考核内容	

2. 培训学时分配

根据中国救生协会自然水域游泳救生员培训大纲，中级自然水域游泳救生员培训总时数为36学时,其中理论与技能培训比例为1:1,理论培训时数为18学时,技能培训时数为18学时(表6-3-2)。

表6-3-2　中级自然水域游泳救生员理论与技能培训学时分配表

	理论	技能	理论:技能	总学时
中级游泳救生员培训	18	18	1:1	36

自然水域的赴救技术、自然水域的现场急救、自然水域场地的救生管理等理论知识。

技能:自然水域的基本技术、自然水域的赴救技术、自然水域的现场急救技术、自救技术等基本技能。

培训案例展示：2013年11月厦门海浪救生培训内容（表6-3-3）

表6-3-3 2013年11月厦门海浪救生培训

日期 时间地点	14-Nov-13 厦门泳滩	15-Nov-13 厦门泳滩	16-Nov-13 厦门泳滩	17-Nov-13 厦门泳滩
理论 0830-1000	沙滩选址 1.如何选择理想浴场 2.浴场设施 3.应有救生器材 风险评估 1.设施危险的评估 2.天然环境的评估 3.使用者的评估 4.活动产生的评估 5.救生员及其同僚产生的评估	预防性救生的重要性 教育及指导 1.旗帜 2.标识 3.沟通 泳滩监察技巧 1.扫描对象 2.识别遇溺的迹象 泳滩的监察办法 1.全面监察 2.分区监察 3.合并监察	脊椎 1.脊椎构造 2.脊椎神经作用 3.固定手法 急救器材 1.急救箱 2.口咽人工气喉 3.手动抽吸器 4.袋装面罩 5.胶囊及面罩复苏器 6.氧气供给器 7.铝展性夹板 8.脊柱固定板	重温 前三天理论内容 海上拯救练习 脊椎骨折处理练习
1010-1200	沙滩拯救技术 入水法 横跨步 海豚跳 避浪前进 登岸法 换扶法 拖行法 消防员拖救 拖救 直接拖救（直手反横胸） 间接拖救（浮标）	拯救程序 1.发出警号 2.指示溺者位置，接近溺者 3.拖救 4.登岸 5.评估溺者 6.护理 冲浪板 1.冲浪板基本操控 2.冲浪板拯救技术	水中脊椎骨折处理 1.熊抱式固定 2.搬运方法 3.安放方法 4.护理	进行海浪考试评核 1.救生员利用救生浮标拯救离岸30米的清醒溺者，利用登岸救法登岸 2.救生员利用救生冲浪板拯救离岸50米的一名清醒溺者，回岸后协助溺者登岸 3.两名救生员拯救一名脊柱受伤溺者登岸

收拾装备，课堂总结和解散离开

第四节 自然水域游泳救生员的考核

一、自然水域各级救生员操作技能考核内容表（表6-4-1）

表6-4-1 自然水域各级救生员操作技能考核内容

形式 \ 等级	达标项目	实操部分（%）	理论部分
自然水域游泳救生员考核内容	跑50米+带浮标游往返200米+跑50米	1. 浮标救生 20% 2. 救生板救生（有意识）30 3. 沙滩急救板 20 4. 沙滩心肺复苏 20 5. 一般开放性损伤处理 10	理论试卷
高级游泳救生员考核内容	划板300米（限时）	1. 救生板救生（无意识）30 2. 救生快艇赴救 30 3. 水中急救板 30 4. 绳结技术 10	理论试卷（海洋生物致伤中毒的急救处理）

二、自然水域各级游泳救生员考核内容配分表及考核说明

（一）中级自然水域游泳救生员考核内容配分表及考核说明

1. 中级自然水域游泳救生员考核内容配分表（表6-4-2）

表6-4-2 中级自然水域救生员考核内容配分

		浮标救生	救生板救生	沙滩急救板	沙滩心肺复苏	开放性损伤处理	合计
中级	选考方式	必考	必考	必考	必考	必考	
	鉴定比重（%）	20	30	20	20	10	100
	考试时间（min）	10	10	10	3	2	35
	考核形式	实操	实操	实操	实操+口试	实操+口试	

2. 中级自然水域游泳救生员考核说明

（1）理论考试时间为60分钟，实践操作考核时间为25分钟。

（2）理论笔试包括：自然水域游泳公共卫生安全常识、游泳卫生常识、自我救助、安全标识设置、突发事件紧急处理预案、救生器材、急救器材、救生员装备、器材的管理与保养、通讯器材和联络信号的设置、救生基本技术、现场赴救、现场急救等。

（3）操作技能考核。

①达标项目。

救生员听到出发信号后，携带救生浮标在沙滩上跑50米，然后入水携带救生浮标游泳200米，上岸后在沙滩上跑50米到达终点，在规定时间内完成即为达标。

②救生浮标救生。

救生浮标救生鉴定比重为总分的20%，满分为20分，考核时间为10分钟。考核形式为：救生员穿戴救生浮标在距离海岸50米处出发，先在沙滩上跑50米，然后用"横跨步式"及"海豚跳"入水，穿戴救生浮标游泳50米，使用救生浮标施救一名距离岸边50米清醒溺水者（限时）；回岸后做好保暖处理。

③救生板救生（清醒溺水者）。

救生板救生鉴定比重为总分的30%，满分为30分，考核时间为10分钟。考核形式为：救生员手持救生板在距离岸边50米处出发，先在沙滩上跑50米，然后携带救生板入水，以跪姿或卧姿划行接近一名距离岸边50米清醒溺水者，将其救起，双人一起划行回岸边（限时）；回岸后做好保暖处理。

④沙滩急救板。

沙滩急救板救生鉴定比重为总分的20%，满分为20分，考核时间为10分钟。考核形式学员假扮颈椎受伤者，考生两人一组配合，互相交叉操作，另再配备两人学员，协同完成。考评员根据完成情况进行打分，鉴定比重为总分的20%，考核时间为10分钟。

⑤沙滩心肺复苏。

心肺复苏是指循环支持、开放呼吸道、人工呼吸、评估等，其鉴定比重为总分的20%，满分为20分，及格分数为12分，考核时间为3分钟。考核形式是对模拟人进行心肺复苏的操作。

注：心肺复苏是自然水域中级游泳救生员实操考核中的否定项目，如果心肺复苏操作程序错误或其该项目总分不足12分，即算该项目考核不合格。心肺复苏项目考核不合格者，自然水域中级游泳救生员实操考核即为不合格。

⑥一般开放性损伤处理：是指水上运动时造成出血及骨折等损伤的处理，其鉴定比重为总分的10%，满分为10分，考核时间为3分钟。考核形式为：学员根据抽取的考核题签，对其受伤者受伤情况、受伤部位对其进行现场处理。

（二）高级自然水域游泳救生员考核内容配分表及考核说明

1. 高级自然水域游泳救生员考核内容配分表（表6-4-3）

表6-4-3 高级自然水域救生员考核内容配分

		救生板救生	救生快艇赴救	水中急救板	绳结技术	合计
高级	选考方式	必考	必考	必考	必考	
	鉴定比重（%）	30	30	30	10	100
	考试时间（min）	15	10	10	5	40
	考核形式	实操	实操	实操	实操	

2. 高级自然水域游泳救生员考核内容

（1）理论考试时间为60分钟，实践操作考核时间为25分钟。

（2）理论笔试包括：自然水域游泳公共卫生安全常识、游泳卫生常识、自我救助、安全标识设置、突发事件紧急处理预案、救生器材、急救器材、救生员装备、器材的管理与保养、通讯器材和联络信号的设置、救生基本技术、现场赴救、现场急救以及海洋生物致伤中毒的急救处理等。

（3）操作技能考核。

①达标项目。

救生员听到出发信号后，采用卧式或爬式划板300米，在规定时间内完成即为达标。

②救生板救生（无意识溺水者）：

救生板救生鉴定比重为总分的30%，满分为30分，考核时间为15分钟。考核形式为：救生员手持救生板在距离海岸50米处出发，先在沙滩上跑50米，然后携带救生板入水，以跪姿或卧姿划行搜寻并接近一名距离岸边50米无意识溺水者，将其放在救生板上，单人划行回岸边（限时）；回岸后进行"单人心肺复苏"。

③救生快艇赴救。

救生快艇救生鉴定比重为总分的30%，满分为30分，考核时间为10分钟。考核形式为：救生员驾驶救生快艇或独木舟接近，救生员利用救生艇拯救一名距离岸边200米清醒的溺水者，回岸后协助溺水者登岸。

④水中急救板。

水中急救板救生鉴定比重为总分的30%，满分为30分，考核时间为10分钟。考核形式为：学员假扮颈椎受伤者，考生两人一组配合，互相交叉操作，另再配备两人学员，协同完成。考评员根据完成情况进行打分，鉴定比重为总分的20%，考核时间为10分钟。

⑤绳结技术。

绳结技术鉴定比重为总分的10%，满分为10分，考核时间为5分钟。考核形式为：救生员根据抽取的题签，完成绳结技术考核，考评员根据完成情况进行评分。

学习笔记

学习笔记

学习笔记

学习笔记

参 考 文 献

［1］中国游泳救生协会.中国游泳救生员培训教材［M］，2004.

［2］香港拯溺总会.水上急救训练课程［M］.

［3］国家体育总局职业技能鉴定指导中心，中国救生协会组.游泳救生员：游泳池救生［M］.北京：高等教育出版社，2010.

［4］康乐及文化事物署训练组.泳滩救生员训练手册［M］.2008.

［5］张黎明，陈志龙.常见海洋生物伤防治指南［M］.第二军医大学出版社，2002.

［6］《2015美国心脏协会心肺复苏及心血管急救指南》摘要.

［7］中国救生协会.《游泳救生》中国游泳救生员通用教材（静水部分）［M］，2000.

［8］游泳教材编写组.游泳［M］.北京：高等教育出版社，1997.

［9］全国体育学院教材委员会.游泳［M］.北京：人民教育出版社，1995.

［10］全国高等水产学院校试用教材.海洋学［M］.北京：农业出版社.

［11］张培康.安全维护手册——水域救援篇［M］.台北：台湾海浪救生协会.

［12］广州航海学会.海上求生［M］.1984.

［13］中国科学院海洋研究所.中国海洋鱼类原色图集［M］.上海：上海科学技术出版社，1992.

［14］中国经济动物志——海洋软体动物［M］，北京：科学出版社，1962.

［15］我国的贝类［M］.北京：科学出版社，1975.

［16］陈远聪.我国毒素研究和利用概况［J］.生命的化学，1991.

［17］王一镗.心肺脑复苏［M］.上海：上海科学技术出版社，2001.

［18］都本洁.心脏急症与抢救［M］.上海：上海科学普及出版社，1999.

［19］黄从新，程郎昌.现代心肺脑复苏学［M］.北京：人民卫生出版社，1997.

［20］姚泰.生理学［M］.北京：人民卫生出版社，2001.